读有所得

中共湖南省委宣传部指导

《读有所得》编辑部编

学史崇德

专辑

U0845440

湖南文艺出版社
HUNAN LITERATURE AND ART PUBLISHING HOUSE

一百年来，中国共产党弘扬伟大建党精神，在长期奋斗中构建起中国共产党人的精神谱系，锤炼出鲜明的政治品格。历史川流不息，精神代代相传。我们要继续弘扬光荣传统、赓续红色血脉，永远把伟大建党精神继承下去、发扬光大！

——2021 年 7 月 1 日习近平总书记在庆祝中国共产党成立 100 周年大会上的重要讲话

我们党在百年奋斗中，培育形成了一系列各有特点的革命精神，集中体现了党的坚定信念、根本宗旨、优良作风，是激励我们不懈奋斗的宝贵精神财富。在党史学习教育中做到学史崇德，就是要引导广大党员、干部传承红色基因，涵养高尚的道德品质。

——2021 年 6 月 7 日至 9 日习近平总书记在青海考察时的重要讲话

前言

百年征程浩荡，百年初心如磐。站在“两个一百年”的历史交汇点上，回望过往的奋斗路，眺望前方的奋进路，党史是教科书，也是营养剂。我们必须把党的历史学习好、总结好，把党的宝贵经验传承好、发扬好，用党的伟大成就激励人，用党的优良传统教育人，用党的成功经验启迪人，用党的历史教训警示人，从党的辉煌历史中认清历史方位，探究历史规律，把握历史大势，激发历史担当，更好地走好新时代的长征路。

为深入贯彻落实党中央和省委关于开展党史学习教育的决策部署要求，扎实开展党史学习教育，引导广大党员干部和群众读经典、学党史，在省委党史学习教育领导小组办公室、省委宣传部的指导下，《读有所得》编辑部推出系列专辑，和读者朋友一起学史明理、学史增信、学史崇德、学史力行，从党的光辉历程中汲取砥砺奋进的精神力量。

目录

读有所得

青年在选择职业时的考虑

★ ［德］马克思

伟大的东西是光辉的，光辉则引起虚荣心，而虚荣心容易给人以鼓舞或者一种我们觉得是鼓舞的东西；但是，被名利弄得鬼迷心窍的人，理智已经无法支配他，于是他一头栽进那不可抗拒的欲念驱使他去的地方；他已经不再自己选择他在社会上的地位，而听任偶然机会和幻想去决定它。

我们的使命决不是求得一个最足以炫耀的职业，因为它不是那种使我们长期从事而始终不会感到厌倦、始终不会松动、始终不会情绪低落的职业，相反，我们很快就会觉得，我们的愿望没有得到满足，我们的理想没有实现，我们就将怨天尤人。

但是，不只是虚荣心能够引起对这种或那种职业突然的热情。也许，我们自己也会用幻想把这种职业美化，把它美化成人生所能提供的至高无上的东西。我们没有仔细分析它，没有衡量它的全部份（分）量，即它让我们承担的重大责任；我们只是从远处观察它，而从远处观察是靠不住的。

在这里，我们自己的理智不能给我们充当顾问，因为它既不是依靠经验，也不是依靠深入的观察，而是被感情欺骗，受幻想蒙蔽。然而，我们的目光应该投向哪里呢？在我们丧失理智的地方，谁来支持我们呢？

是我们的父母，他们走过了漫长的生活道路，饱尝了人世辛酸。——我们的心这样提醒我们。

如果我们通过冷静的研究，认清所选择的职业的全部份（分）量，了解它的困难以后，我们仍然对它充满热情，我们仍然爱它，觉得自己适合它，那时我们就应该选择它，那时我们既不会受热情的欺骗，也不会仓促从事。

但是，我们并不总是能够选择我们自认为适合的职业；我们在社会上的关系，还在我们有能力对它们起决定性影响以前就已经在某种程度上开始确立了。

如果我们错误地估计了自己的能力，以为能够胜任经过周密考虑而选定的职业，那么这种错误将使我们受到惩罚。即使不受到外界指责，我们也会感到比外界指责更为可怕的痛苦。

如果我们把这一切都考虑过了，如果我们生活的条件容许我们选择任何一种职业，那么我们就可以选择一种使我们最有尊严的职业；选择一种建立在我们深信其正确的思想上的职业；选择一种能给我们提供广阔场所来为人类进行活动、接近共同目标（对于这个目标来说，一切职业只不过是手段）即完美境地的职业。

尊严就是最能使人高尚起来、使他的活动和他的一切努力具有崇高品质的东西，就是使他无可非议、受到众人钦佩并高出于众人之上的东西。

但是，能给人以尊严的只有这样的职业，在从事这种职业时我们不是作为奴隶般的工具，而是在自己的领域内独立地进行创造；这种职业不需要有不体面的行动（哪怕只是表面上不体面的行动），甚至最优秀的人物也会怀着崇高的自豪感去从事它。最合乎这些要求的职业，并不一定是最高的职业，但总是最可取的职业。

但是，正如有失尊严的职业会贬低我们一样，那种建立在我们后来认为是错误的思想上的职业也一定使我们感到压抑。

这里，我们除了自我欺骗，别无解救办法，而以自我欺骗来解救又是多么糟糕！

那些主要不是干预生活本身，而是从事抽象真理的研究的职业，对于还没有坚定的原则和牢固、不可动摇的信念的青年是最危险的。同时，如果这些职业在我们心里深深地扎下了根，如果我们能够为它们的支配思想牺牲生命、竭尽全力，这些职业看来似乎还是最高尚的。

这些职业能够使才能适合的人幸福，但也必定使那些不经考虑、凭一时冲动就仓促从事的人毁灭。

相反，重视作为我们职业的基础的思想，会使我们在社会上占有较高的地位，提高我们本身的尊严，使我们的行为不可动摇。

一个选择了自己所珍视的职业的人，一想到他可能不称职时就会战战兢兢——这种人单是因为他在社会上所居地位是高尚的，他也就会使自己的行为保持高尚。

在选择职业时，我们应该遵循的主要指针是人类的幸福和我们自身的完美。不应认为，这两种利益是敌对的，互相冲突的，一种利益必须消灭另一种的；人类的天性本来就是这样的：人们只有为同时代人的完美、为他们的幸福而工作，才能使自己也达到完美。

如果一个人只为自己劳动，他也许能够成为著名学者、大哲人、卓越诗人，然而他永远不能成为完美无疵的伟大人物。

历史承认那些为共同目标劳动因而自己变得高尚的人是伟大人物；经验赞美那些为大多数人带来幸福的人是最幸福的人；宗教本身也教诲我们，人人敬仰的理想人物，就曾为人类牺牲了自己——有谁敢否定这类教诲呢？

如果我们选择了最能为人类福利而劳动的职业，那么，重担就不能把我们压倒，因为这是为大家而献身；那时我们所感到的就不是可怜的、有限的、自私的乐趣，我们的幸福将属于千百万人，我们的事业将默默地、但是永恒发挥作用地存在下去，而面对我们的骨灰，高尚的人们将洒下热泪。

（文章有删节，选自《马克思主义原著选读》，高等教育出版社，1999 年 10 月）

塑造新时代共产党人高尚的人格

牛先锋

心学是正心诚意、升华人格的学问。党性修养是共产党人的心学，修好共产党人的心学这门功课的根本就是要坚定党的宗旨、增强担当意识、升华高尚人格。马克思的《青年在选择职业时的考虑》一文从“为人类福利而劳动”的职业追求出发，揭示了达到人生完美的途径和具备高尚人格的标准。在为实现中华民族伟大复兴而奋斗的新时代，重读马克思的这篇短文，对于加强党性修养，塑造共产党人高尚的人格具有重要的现实意义。

马克思在《青年在选择职业时的考虑》一文中讲，“为人类福利而劳动”的人生才是完美的人生，这样的人才会令人尊敬，也才能称得上是具有高尚品格的人。习近平总书记指出，“党性教育是共产党人修身养性的必修课，也是共产党人的‘心学’”。心学是正心诚意的学问，对于共产党人来讲心术正与不正，表现在行动上就是要看能否真正做到为人民服务。在全面从严治党的今天，再次感受青年马克思选择职业时的诺言和坚定而忠实履行诺言的精神，对于每一位中国共产党人反思自己的行为，巩固理想信念，净化自己的心灵，升华自己的人格，做实、做好共产党人的“心学”功课，都有着深刻的启发意义。

在“为人类福利而劳动”中修炼高尚的人格

1835 年 8 月，年仅 17 岁的马克思在其中学毕业考试作文《青年在选择职业时的考虑》中豪气地写道："人们只有为同时代人的完美、为他们的幸福而工作，才能使自己也达到完美。”若仅此偶然一句，或许只是年轻人一时的激情冲动。然而，细品全文可以深切地感到，文章既充满着血气方刚的朝气，也蕴含着冷静而深沉的理性；既带着对宗教神谕的敬重，也体现出作者的自主选择。全篇文采飞扬、思想深刻、逻辑严密，特别是结语惊世骇俗："如果我们选择了最能为人类福利而劳动的职业，那么，重担就不能把我们压倒，因为这是为大家而献身；那时我们所感到的就不是可怜的、有限的、自私的乐趣，我们的幸福将属于千百万人，我们的事业将默默地、但是永恒发挥作用地存在下去，而面对我们的骨灰，高尚的人们将洒下热泪。”

从行文可以发现，青年马克思的心中还有神的影子，他把“使人类和他自己趋于高尚”看作是神给人指定的共同目标，但他同时又肯定“神要人自己去寻找可以达到这个目标的手段”，而正是沿着“神谕的目标——自主选择的手段”这一思维范式，马克思在其随后的理论生涯中，从“现实的人”出发，把神谕升华为每个人自由而全面发展的共产主义目标，把达到目标的手段归结为人的解放的条件。

“为人类福利而劳动”，马克思在青年时代是这样说的，终其一生也是这样做的。在为实现全人类解放这一伟大使命的征程中，马克思塑造了令人肃然起敬而又完美的高尚人格。

为共产主义而奋斗是高尚人格的根本要求

马克思告诫青年，在选择职业时应该理性考虑：“所选择的职业是不是真正使我们受到鼓舞？我们的内心是不是同意？我们受到的鼓舞是不是一种迷误？”决不能凭油然而生的幻想、感情激动、眼前浮想联翩、鬼迷心窍的名利、虚荣心来选择职业。“如果我们通过冷静的研究，认清了所选择的职业的全部分量，了解它的困难以后，我们仍然对它充满热情，我们仍然爱它，觉得自己适合它，那时我们就应该选择它，那时我们既不会受热情的欺骗，也不会仓促从事。”对于我们每一个人来讲，决定加入中国共产党是一个慎重的选择，不仅需要对党的理论路线方针政策纲领有深入的理解，更需要对党的奋斗目标和达到这个目标的困难有深刻的认识和充分的心理准备。

入党并不是选择职业，选择的是信仰、价值和政治追求，这要比职业选择更为庄严、更为神圣，因而也应该更为理智和慎重。同时，也应该清楚地认识到，尽管每一个党员都有不同的社会职业，但为党的事业而奋斗是所有党员所从事职业的性质，尤其对于执政党的党员来讲，履职过程中要充分体现党性。加入了中国共产党，就要在党言党、在党爱党、在党忧党、在党为党，为党的事业而奋斗，全心全意为人民服务。党员个人的职业与党的事业是高度统一的，每一位党员在自己的职业岗位上尽职尽责做好本职工作，用自己的劳动来增进社会福利，既是职业道德的要求、党的事业的要求，也是达到高尚人格的重要途径。

（标题为编者所拟，原题《塑造新时代共产党人高尚的人格——读马克思〈青年在选择职业时的考虑〉》，文章有删节，选自《人民论坛·学术前沿》2017 年第 22 期）

百年前，这群中国青年的选择

1919 年爆发的五四运动，是一场以先进青年知识分子为先锋、广大人民群众参加的彻底反帝反封建的伟大爱国革命运动，是中国青年运动的开端，标志着中国青年的政治觉醒。青年中的先进分子纷纷觉醒，以“救国、救民、改造中国”为己任，寻求改造中国社会实际可循的途径。中国共产党的诞生及其提出的纲领和奋斗目标，宛如一座光芒四射的灯塔，指明了改造中国的方向与道路，深深地吸引了广大青年。

据中国共产党历史记载，最早酝酿在中国建立共产党的陈独秀、李大钊等，在筹划组建中国共产党之初，就把目光投向了青年。陈独秀在 1915 年创办传播新文化的杂志，刊名即定为《青年杂志》，一年后改名为《新青年》。1915 年 9 月 15 日，陈独秀在《青年杂志》创刊号第一卷第一号上发的首篇文章《敬告青年》，满怀激情地声称改造中国的重任，“惟属望于新鲜活泼之青年”，勉励青年做到：自主的而非奴隶的；进步的而非保守的；进取的而非退隐的；世界的而非锁国的；实利的而非虚文的；科学的而非想象的。1916 年 9 月 1 日，李大钊紧接着在《新青年》第二卷第一号上发文《青春》，盛赞“青春之甘美”“青春之恩泽”，号召各民族青年“汲汲孕育青春中国之再生”，“以青春之我，创建青春之家庭，青春之国家，青春之民族，青春之人类，青春之地球，青春之宇宙”。

中国共产党的早期组织大多发端于青年。据中国共产党历史记载，1920 年 8 月成立的上海共产主义小组，发起人陈独秀 41 岁，先后参加的共 17 人，其中 30 岁以下的 12 人，占 71%，平均年龄 28 岁；其中俞秀松 21 岁，陈公培 20 岁，杨明斋 38 岁，邵力子 38 岁，李启汉 30 岁，沈泽民 18 岁，陈望道 29 岁，施存统 22 岁，沈雁冰 24 岁，袁振英 26 岁，周佛海 23 岁，李汉俊 30 岁，沈玄庐 37 岁，李达 30 岁，林祖涵 34 岁，李中 23 岁。

1920 年 10 月成立的北京共产主义小组，发起人李大钊 32 岁，共 14 人，其中 28 岁以下的 13

人，占93%，平均年龄23.3岁。其中张申府27岁，张国焘23岁，邓中夏26岁，罗章龙24岁，刘仁静18岁，高君宇24岁，缪伯英24岁，何孟雄22岁，范鸿劼23岁，张太雷22岁，宋介27岁，李梅羹19岁，陈德荣18岁。

1920年秋成立的武汉共产主义小组，发起人刘伯垂33岁，该小组共10人，平均年龄30岁。1920年冬成立的长沙共产主义小组，发起人毛泽东27岁。1921年春成立的广州"真正的共产党"，发起人谭平山35岁，共5人，平均年龄29岁。1921年春成立的济南共产主义小组，发起人王尽美23岁，邓恩铭20岁。1921年旅法、旅日华人中成立的共产党早期组织，发起人和成员都是青年。旅法华人中的发起人张申府28岁，周恩来23岁，参加者共6人，平均年龄25.5岁；旅日华人中的发起人施存统23岁，周佛海24岁，先后参加者有十多人，年龄都在25岁以下。

1921年7月，中国共产党全国第一次代表大会宣告中国共产党成立，出席一大的13名代表平均年龄28岁，其中28岁以下青年8名，占61.5%。其中李达31岁，毛泽东28岁，张国焘24岁，李汉俊31岁，刘仁静19岁，何叔衡45岁，董必武35岁，陈潭秋25岁，王尽美23岁，邓恩铭 20 岁，陈公博 30 岁，周佛海 24 岁，包惠僧 27 岁。

上述历史事实充分证明，中国共产党的诞生始于青年。中国共产党是在中国青年的拥护和爱戴中诞生的。党成立以后的百年征程中，中国青年初心不改，在党领导的新民主主义革命、社会主义革命和建设、改革开放和社会主义现代化建设、中国特色社会主义进入新时代的各个历史时期，一贯紧跟党坚毅前行。

（标题为编者所拟，原题《中国青年坚定跟党走的百年征程及历史必然——庆祝中国共产党成立 100 周年》，作者黄志坚，文章有删节，选自《中国青年报》2021 年 5 月 7 日）

为人民服务

★ 毛泽东

人总是要死的，但死的意义有不同。中国古时候有个文学家叫做司马迁的说过："人固有一死，或重于泰山，或轻于鸿毛。"为人民利益而死，就比泰山还重；替法西斯卖力，替剥削人民和压迫人民的人去死，就比鸿毛还轻。张思德同志是为人民利益而死的，他的死是比泰山还要重的。

因为我们是为人民服务的，所以，我们如果有缺点，就不怕别人批评指出。不管是什么人，谁向我们指出都行。只要你说得对，我们就改正。你说的办法对人民有好处，我们就照你的办。"精兵简政"这一条意见，就是党外人士李鼎铭先生提出来的；他提得好，对人民有好处，我们就采用了。只要我们为人民的利益坚持好的，为人民的利益改正错的，我们这个队伍就一定会兴旺起来。

我们都是来自五湖四海，为了一个共同的革命目标，走到一起来了。我们还要和全国大多数人民走这一条路。我们今天已经领导着有九千一百万人口的根据地，但是还不够，还要更大些，才能取得全民族的解放。我们的同志在困难的时候，要看到成绩，要看到光明，要提高我们的勇气。中国人民正在受难，我们有责任解救他们，我们要努力奋斗。要奋斗就会有牺牲，死人的事是经常发生的。但是我们想到人民的利益，想到大多数人民的痛苦，我们为人民而死，就是死得其所。不过，我们应当尽量地减少那些不必要的牺牲。我们的干部要关心每一个战士，一切革命队伍的人都要互相关心，互相爱护，互相帮助。

今后我们的队伍里，不管死了谁，不管是炊事员，是战士，只要他是做过一些有益的工作的，我们都要给他送葬，开追悼会。这要成为一个制度。这个方法也要介绍到老百姓那里去。村上的人死了，开个追悼会。用这样的方法，寄托我们的哀思，使整个人民团结起来。

一九四四年九月八日

（文章有删节，选自《毛泽东选集》（第三卷），人民出版社，1991年6月）

中国共产党人的“初心”解码

戴焰军

《为人民服务》是毛泽东著作中为大家所耳熟能详的一篇，这篇只有700多字的短文，曾经影响了中国几代人。

为人民服务是中国共产党人的价值观和人生观。中国共产党为什么把为人民服务确立为自己的根本宗旨，这是由中国共产党的性质决定的。中国共产党是马克思主义政党，而马克思主义立场就是人民立场。人民群众是社会物质财富和精神财富的创造者，是社会历史发展的真正推动者，也理应是社会历史的真正主人。所以，一切为了人民，一切依靠人民，是对历史发展规律的顺应。但是，如何使马克思主义的世界观成为共产党人的价值观和人生观，成为党的每个成员的自觉认识和行动方向，毛泽东在《为人民服务》中对此作出了通俗而深刻的论述。他引用中国古代伟大的历史学家和文学家司马迁关于生死观的名言，阐述了共产党人的人生观和价值观。那就是“为人民利益而死，就比泰山还重；替法西斯卖力，替剥削人民和压迫人民的人去死，就比鸿毛还轻”。明确强调了人生不同价值取向的根本分水岭，强调了共产党人应该坚持的价值取向。把马克思主义的世界观和共产党人的人生观和价值观高度地统一起来。

为人民服务是中国共产党自我革命的不竭动力。“因为我们是为人民服务的，所以，我们如果有缺点，就不怕别人批评指出。”中国共产党是勇于进行自我革命的政党。为什么我们这个党勇于进行自我革命，自我革命的内在动力是什么？毛泽东在《为人民服务》这篇文章里作了清楚的回答，那就是我们是为人民服务的党。中国共产党除了工人阶级和最广大人民群众的利益，没有自己的特殊利益。人民利益需要，就是党的目标选择；人民利益需要，就是党一切工作的检验标准。党的自我革命，就是克服党内存在的各种与人民利益不相符合的缺点，纠正党内存在的各种违背人民利益要求的错误。当党的工作中出现问题时，党也要能够坦诚地接受各种批评意见和建议。“不管是什么人，谁向我们指出都行。只要你说得对，我们就改正。你说的办法对人民有好处，我们就照你的办。”因为我们坚信，“只要我们为人民的利益坚持好的，为人民的利益改正错的，我们这个队伍就一定会兴旺起来”。

为人民服务是中国共产党保持团结统一的根本基础。在《为人民服务》中，毛泽东明确要求“我们的干部要关心每一个战士，一切革命队伍的人都要互相关心，互相爱护，互相帮助”。因为“我们都是来自五湖四海，为了一个共同的革命目标”，这个共同的革命目标，就是完全为着解放人民，彻底地为人民利益工作。共同的信念，共同的目标，奠定了共同奋斗的基础。保持高度的内部团结统一，是中国共产党在历史上能够战胜一切艰难困苦，从胜利走向胜利的必要条件。

为人民服务是中国共产党人战胜一切困难的动力源泉。在中国共产党的百年奋斗历史中，我们曾经遇到无数的困难，而我们也正是在不断战胜这些困难中不断走向胜利的。毛泽东在《为人民服务》中强调：“我们的同志在困难的时候，要看到成绩，要看到光明，要提高我们的勇气。”这勇气是我们战胜一切敌人，克服一切困难的强大精神支撑。那么，产生这种勇气的动力根源又是什么呢？那就是毛泽东在文章中紧接着所讲的，“中国人民正在受难，我们有责任解救他们，我们要努力奋斗”。对广大人民的高度责任感，把千百万人民群众从苦难中解救出来的使命和担当，就是我们勇气的动力来源。尽管我们遇到了各种艰难险阻，需要付出巨大的努力，甚至会牺牲生命，“但是我们想到人民的利益，想到大多数人民的痛苦，我们为人民而死，就是死得其所”。一个为了人民利益连死都不怕的人所组成的队伍，还有什么困难是不能战胜的呢？

《为人民服务》这篇著作的发表，距今已经 70 多年了，但它今天依然是中国共产党人的行动指南。为人民服务在任何时候，都是中国共产党人必须坚持的初心和使命，是中国共产党的立党之本。

（标题为编者所拟，原题《中国共产党人的“初心”解码——读毛泽东〈为人民服务〉》，文章有删节，选自《学习时报》2021 年 1 月 27 日）

张思德：为人民服务的平凡英雄

张思德，1915年4月出身于大巴山深处一个贫苦佃农家庭。重病的母亲没有奶水，只得要来谷米捣碎熬成糊喂他，因而给他起了一个小名叫“谷娃子”。他出生仅7个月，母亲就因病离开人间，父亲把他抱给婶母收养。谷娃子吃“百家饭”穿“百家衣”长大，养母为了让他永记乡亲们的恩情，给他取名“思德”。

1933年2月，中国工农红军第四方面军创建了川陕革命根据地。1933年12月，张思德参加红军，不久加入共青团，1935年随红四方面军长征，三度经过雪山、草地。他勇敢机智，曾只身泅水过江，夺得敌人的渡船，为红军强渡嘉陵江创造了条件。在川西茂州地区，他神奇般地一人夺得敌人两挺机枪，被战士们亲切地誉为“小老虎”。1936年10月，张思德随部队到达陕北，1937年加入中国共产党。

张思德始终牢记为人民利益工作的使命，坚持一切为人民服务的宗旨，并在实践中一丝不苟地贯彻。

延安时期，因为粮食不足，战士们总是吃不饱饭。通信班的战士都是小伙儿，加上经常外出送信走远路，饭量比较大。为了让大家多吃一些，每次吃饭时，作为通信班长的张思德吃到一半，就不声不响撂下饭碗，提起水桶去打水，让别人多吃一些。

1944年初，张思德积极响应大生产运动号召，主动到安塞县石硖谷办生产农场，担任副队长。白天，他巡回各窑，掌握火候。晚上，他也要起来数次，观察烟色。窑里温度很高，有的木炭出窑还有火星。但每次出炭，他都是抢先钻到窑的最里边。

1944年9月5日，张思德和战友小白决定再新挖几个窑，多烧些木炭。当挖到中午时，突然窑顶掉下几块碎土，出现险情。张思德眼疾手快，一掌将小白推出洞口，厚厚的窑顶坍塌下来，把张思德埋在下边。战士们和老百姓从四面赶来，拼命刨土。小白得救了，张思德却没能抢救过来，他牺牲时，年仅29岁。

革命需要在枪林弹雨下抛头颅洒热血，也需要在平凡岗位上默默奉献。张思德是一名普通的共产党员和战士，他服从组织安排，在烧炭的平凡岗位上忘我工作，直至光荣殉职。毛泽东给予他高度评价："张思德同志是为人民利益而死的，他的死是比泰山还要重的。"

（作者卢宥伊，选自《人民日报》2019年4月17日）

回忆我的母亲

★ 朱德

母亲一共生了十三个儿女。因为家境贫穷，无法全部养活，只留下了八个。母亲把八个孩子一手养大成人。

母亲是个好劳动。从我能记忆时起，总是天不亮就起床。全家二十多口人，妇女们轮班煮饭，轮到就煮一年。母亲把饭煮了，还要种田，种菜，喂猪，养蚕，纺棉花。因为她身体高大结实，还能挑水挑粪。

母亲这样地整日劳碌着。我到四五岁时就很自然地在旁边帮她的忙，到八九岁时就不但能挑能背，还会种地了。记得那时我从私塾回家，常见母亲在灶上汗流满面地烧饭，我就悄悄把书一放，挑水或放牛去了。有的季节里，我上午读书，下午种地；一到农忙，便整日在地里跟着母亲劳动。这个时期母亲教给我许多生产知识。

佃户家庭的生活自然是艰苦的，可是由于母亲的聪明能干，也勉强过得下去。我们用桐子榨油来点灯，吃的是豌豆饭、菜饭、红薯饭、杂粮饭，把菜籽榨出的油放在饭里做调料。这类地主富人家看也不看的饭食，母亲却能做得使一家人吃起来有滋味。赶上丰年，才能缝上一些新衣服，衣服也是自己生产出来的。母亲亲手纺出线，请人织成布，染了颜色，我们叫它“家织布”，有铜钱那样厚。一套衣服老大穿过了，老二老三接着穿还穿不烂。

母亲在家庭里极能任劳任怨。她性格和蔼，没有打骂过我们，也没有同任何人吵过架。因此，虽然在这样的大家庭里，长幼、伯叔、妯娌相处都很和睦。母亲同情贫苦的人——这是朴素的阶级意识，虽然自己不富裕，还周济和照顾比自己更穷的亲戚。她自己是很节省的。母亲那种勤劳俭朴的习惯，母亲那种宽厚仁慈的态度，至今还在我心中留有深刻的印象。

在这样的年月里，我家也遭受更多的困难，仅仅吃些小菜叶、高粱，通年没吃过白米。特别是乙未（一八九五）那一年，地主欺压佃户，要在租种的地上加租子，因为办不到，就趁大年除夕，威胁着我家要退佃，逼着我们搬家。在悲惨的情况下，我们一家人哭泣着连夜分散。从此我家被迫分两处住下。人手少了，又遇天灾，庄稼没收成，这是我家最悲惨的一次遭遇。母亲没有灰心，她对穷苦农民的同情和对为富不仁者的反感却更强烈了。母亲沉痛的三言两语的诉说以及我亲眼见到的许多不平事实，启发了我幼年时期反抗压迫追求光明的思想，使我决心寻找新的生活。

我不久就离开母亲，因为我读书了。我是一个佃农家庭的子弟，本来是没有钱读书的。那时乡间豪绅地主的欺压，衙门差役的横蛮，逼得母亲和父亲决心节衣缩食培养出一个读书人来“支撑门户”。

中国革命继续向前发展，我的思想也继续向前发展。当我发现了中国革命的正确道路时，我便加入了中国共产党。大革命失败了，我和家庭完全隔绝了。母亲就靠那三十亩地独立支持一家人的生活。抗战以后，我才能和家里通信。母亲知道我所做的事业，她期望着中国民族解放的成功。她知道我们党的困难，依然在家里过着勤苦的农妇生活。七年中间，我曾寄回几百元钱和几张自己的照片给母亲。母亲年老了，但她永远想念着我，如同我永远想念着她一样。去年收到侄儿的来信说：“祖母今年已有八十五岁，精神不如昨年之健康，饮食起居亦不如前，甚望见你一面，聊叙别后情景。”但我献身于民族抗战事业，竟未能报答母亲的希望。

我应该感谢母亲，她教给我生产的知识和革命的意志，鼓励我以后走上革命的道路。在这条路上，我一天比一天更加认识：只有这种知识，这种意志，才是世界上最可宝贵的财产。

母亲现在离我而去了，我将永不能再见她一面了，这个哀痛是无法补救的。母亲是一个平凡的人，她只是中国千百万劳动人民中的一员，但是，正是这千百万人创造了和创造着中国的历史。我用什么方法来报答母亲的深恩呢？我将继续尽忠于我们的民族和人民，尽忠于我们的民族和人民的希望——中国共产党，使和母亲同样生活着的人能够过快乐的生活。这是我能做到的，一定能做到的。

愿母亲在地下安息！

一九四四年四月五日

（文章有删节，选自《朱德选集》，人民出版社，1983年8月）

父辈的忠诚

★ 贺捷生

父亲贺龙在我的心目中，就像一部书，一部博大精深的书。从我懂事那天起，我就用心灵去读他，用我沿着他的足迹孜孜不倦的跋涉和寻找去读他。而在我用几十年生命读懂的几个篇章里，南昌起义前后投向党的怀抱，是他写下的最激动人心的一章、最耐人寻味的一章。如果给这个章节取个题目，我想，非“忠诚”二字莫属。

在人们的印象中，留着两撇小胡子的父亲身材伟岸，手里总是握着一只大烟斗，动如虎，静如松，是个无所畏惧又敢于担当的人。他生于民风强悍的湘西，长于军阀混战的乱世，一旦给他一个机会或一片天地，他便会像苍鹰那般翱翔，像矫龙那般翻飞，干出一番惊天动地的大事来。

在南昌起义前的十几年，他追随孙中山，自告奋勇地站在讨袁护国和护法的旗帜下，东征西讨，屡建奇功。他几起几落拉起的人马，也在一次次成功与失败的磨砺中发展壮大。但是，穿着那身挂着乱七八糟零碎的旧式军服，他却心生烦忧，对狗咬狗般连年不断的军阀混战深恶痛绝，尤其不忍看到生灵涂炭，流离失所的老百姓啼饥号寒。上世纪20年代初，四川南北两军形成对峙，父亲奉命率领一团人马入川作战。三年乱仗打下来，父亲虽从团长升任师长，却对用旧武装治理中国的做法产生了怀疑。许多年后，他用一生也没有改掉的湘西口音叹道："我们在四川打了三年，真是神仙打仗，凡人遭殃，吃亏的还是四川老百姓。中国地方这么大，为什么这么穷，这么弱？就是给这帮军阀、官僚搞乱了。不打倒这些人，老百姓还能指望过好日子吗？可是困难哪，这么大一个烂摊子，哪个能够收拾？我们这几千人又能怎么样？我天天都在想这个问题。"

这次公开发表的言论，既透露了他对旧中国积重难返的无奈，又流露出对中国未来的茫然。他看到了要让中国的老百姓过上好日子，必须打倒军阀和官僚，又苦于身单力薄，改变不了中国的现状。那种进退维谷的窘境，就像在黑夜中踯躅，在荆棘从中盘桓。

1925—1926年，广东革命政府在中国共产党和苏联的帮助下，先是依靠有许多共产党人的黄埔师生喋血东征，荡平了陈炯明叛匪；接着成立国民革命军，从广州开始北伐。父亲驻扎在贵州铜仁的队伍被编入国民革命军，这使他渐渐看到了希望的曙光。

那个在曙光中第一次出现在父亲眼前的人，是共产党人周逸群。他是以北伐宣传队的名义进驻父亲那支队伍的。两个人的手握在一起，都有一种相见恨晚的感觉。周逸群认定我父亲是个可以为共产党所用的国民革命军将领，一见面就自报家门说，我是“红脑壳壳”，我带来的30名宣传队员都是“红脑壳壳”。当时正值第一次国共合作时期，父亲也有心接触共产党，他想看看传说中的共产党到底比国民党有何高明之处。因此他对周逸群说，红脑壳壳好嘛，可惜你们共产党不兴结拜，不然我现在就想和你这样的共产党员写兰谱。周逸群说，兰谱还不就是一张纸？只要我们的奋斗目标一致，兰谱算个什么？

有了周逸群这个共产党朋友指点迷津，出谋划策，父亲在北伐路上精神焕发。他指挥的部队势如破竹，一路高歌猛进，直到攻克武昌，把革命的烈火顺势烧向中原。当父亲的队伍先后在中原要地许昌和郑州大败奉军，率先占领河南省会开封时，武汉国民政府发来通电嘉奖，称“诸将士忠勇用命，冲锋陷阵，建此奇功，弥深庆慰”。并决定将父亲领导的独立第 15 师扩编为军，授予国民革命军暂编第 20 军番号；父亲升任第 20 军军长，周逸群升任军政治部主任。这也就是说，正在“赤化”的父亲和他那支队伍，开始变得举足轻重起来。

共产党领导的南昌起义，就在这时进入了倒计时。

后来发生的事情我们都知道了：因为在这一年，也即 1927 年，蒋介石率先在上海发动了四一二反革命事变，继而汪精卫又在武汉发动了七一五反革命事变，国共两党从此分裂。在突起的狂风暴雨中，无数的共产党人被通缉、被逮捕、被囚禁、被屠杀，革命转眼被浸泡在血泊中。但在这年的 8 月 1 日，作为国民革命军军长的我父亲，却站在了南昌江西大旅社的台阶上，一手举着他那支银光闪闪的勃朗宁小手枪，一手掐着秒表，庄严地下达了南昌起义的命令。

要知道，那时候父亲还不是共产党员。他之所以被推举为南昌起义的总指挥，和共产党策动南昌起义的最高领导人周恩来肩并肩站在一起，除了他这支部队成了南昌起义的主力之外，还在于他作为国民党的一军之长，在共产党人最危险、历史天空最黑暗的时候，主动选择并跟定共产党。而且，他是那样的义无反顾，那样的急不可待，就像在用一生等待这一天。

父亲于是有了这段被共产党信任和重用、被人民拥戴、被后人击节赞叹的光荣历史。史家盛赞他从此抛弃高官厚禄、富贵荣华，跟着共产党“大路不走走小路，皮靴不穿穿草鞋”。

（文章有删节，选自《人民日报》2012 年 11 月 14 日）

永远做群众的小学生

★ 雷锋

马克思主义者认为，只有先做好群众的“学生”，才能做好群众的“先生”。“先生”是“学生”的发展，却不是“学生”的终结。如果不愿再以“学生”的姿态出现，便不能继续再当“先生”。毛主席说：“没有满腔的热忱，没有眼睛向下的决心，没有求知的渴望，没有放下臭架子、甘当小学生的精神，是一定不能做，也一定做不好的。”

毛主席说：“我们必须学会自己不懂的东西。”他又说：“无产阶级的最尖锐最有效的武器只有一个，那就是严肃的战斗的科学态度。共产党不靠吓人吃饭，而是靠马克思列宁主义的真理吃饭，靠实事求是吃饭，靠科学吃饭。”

我在党和毛主席的不断哺育和教导下，健康地成长起来。由于政治觉悟的不断提高，树立了为共产主义而奋斗的大志，在工作和学习中取得了一点点成绩，这应该归功于党，归功于帮助我的同志们。我一定永远牢记毛主席的教导，永远做群众的小学生。

1960 年 12 月 28 日
——写于日记本上

（选自《雷锋日记》，春风文艺出版社，2019 年 9 月）

我的两个梦

★ 袁隆平

时光如白驹过隙，一转眼，90 年过去，我成了正儿八经的“90 后”。我大半辈子都在与水稻打交道，至今从事杂交水稻研究工作已有 55 个年头。我最关心的，就是与水稻和粮食相关的事。

新中国成立之前，中华大地上到处灾荒战乱，人民生活颠沛流离，少年时我就被迫从一个城市辗转到另一个城市，虽然少不更事，但每当看到沿路举家逃难、面如菜色的同胞，看到荒芜的田野和满目疮痍的土地，我的内心总会泛起一阵阵痛楚。报考大学时，我就对父母说，我要学农。母亲听了，吓一跳，说，傻孩子，学农多苦啊，你以为好玩儿呢？但我是真正爱上了农业，死活要学，还摆出大道理：吃饭可是天下第一桩大事，没有饭吃，人类怎么生存？最后，父母尊重我的选择。

毕业后，我被分配到湖南安江农校任教。安江农校地处偏远，临行前，学校的领导告诉我，那里很偏僻，“一盏孤灯照终身”，你可要做好思想准备。当时我想，能传播农业科学知识，也是为国家做贡献！没想到，去了不久，就碰上困难时期。我当时想，这么大一个国家，如果粮食安全得不到保障，其他一切都无从谈起，我要为让中国人吃饱饭而奋斗！

一天，我看到一些农民从高山上兑了种子，担回来种，就问他们，为什么跑到那么高的山上去换种呢？他们说，山上的种子质量好一些，产得多些。他们接着还说了一句话，叫做“施肥不如勤换种”。这对我有很大启发：农业上增产的途径有很多，但其中良种是非常重要的因素。

从此以后，我开始了自己的杂交水稻研究之路。一路走来，有汗水和辛酸，也有丰收和喜悦。科学探索无止境，在这条漫长而又艰辛的路上，我一直有两个梦，一个是禾下乘凉梦，一个是杂交水稻覆盖全球梦。

做梦容易，但要把梦变成现实，则需要付出大量艰苦的劳动和努力。我清楚地记得，那是 1961 年 7 月的一天，我到安江农校的试验田选种。突然，我发现了一株“鹤立鸡群”的稻株。穗大，颗粒饱满。我随手挑了一穗，竟有230粒之多！当时以为，选到了优良品种，岂不是可以增产无数粮食？

第二年春天，我把种子播下，结果却令人大失所望，一眼望去，高的高，矮的矮，没有一株赶得上最初的那株水稻。我不甘心，开始反复琢磨其中的奥秘，研究那一片试验田的稻株比例，最终得出一个结论：水稻是有杂交优势的，那株鹤立鸡群的水稻，就是天然的杂交水稻。既然天然杂交稻具有这样强的优势，那么人工杂交稻，也一定有优势。当时，遗传学理论一直否定自花授粉作物有杂交优势。我对此理论提出质疑。随后，我又拜访专家，翻找资料，最终得出结论，既然自然界存在杂交水稻，那么人工杂交水稻也一定可以利用。而要想利用这一优势，首先需要找到“天然的雄性不育水稻”。

于是，我又走上曲折的寻找之旅。

其中，最令人刻骨铭心的是，在海南岛找到天然雄性不育野生稻“野败”并加以利用的过程。那是1970年11月，我和助手李必湖、尹华奇驻守在海南岛崖县南红农场，在当地寻找野生稻。在那里，有一位农专毕业的冯克珊，是南红良种繁育场的技术员，经常跑来听我讲课。冯克珊联想到农场附近有一种名叫“假禾”的草，很可能就是我要找的野生稻。11 月 23 日，他找到李必湖，来到南红农场铁路涵洞附近的水塘边，到那片正在开花的野生稻中察看。他们发现了三个雄花异常的野生稻穗，野生稻穗的花药细瘦，色浅呈水渍状，不开裂散粉。这三个稻穗生长于同一禾蔸，是从一粒种子长出、匍匐于水面的分蘖。他们立即把这蔸野生稻连泥挖起，放在铁桶里拉回去，然后移栽到试验田里，等待鉴定。当时，我正在北京开会，收到助手们从海南发来的电报，连夜赶火车奔回海南岛。经过仔细检验，我们最终确认这是一株十分难得的天然雄性不育株野生稻，我给它命名为“野败”。

这真是大海捞针啊！

“野败”的发现对杂交水稻研究具有里程碑的意义，更是杂交水稻“三系”配套成功的突破口。1973 年，我们协作组历尽千辛万苦才通过测交找到恢复系，攻克“三系”配套难关，才有了新中国第一代杂交水稻。

科学探索永无止境，我的另一个梦，就是杂交水稻走向世界、覆盖全球梦。

世界上超过一半人口以稻米为主食，一个令人担忧的事实却是，全球现有 1.6 亿公顷稻田中，杂交水稻种植面积还不到15%。发展杂交水稻不仅有广阔的舞台，更对保障世界粮食安全具有重要意义，倘若全球有一半稻田种上杂交稻，按每公顷比常规水稻增产2吨计算，则增产的粮食可以多养活4亿~5亿人口。杂交水稻覆盖全球不仅能提升全球水稻产量，造福人类，还能提升我国的国际地位。

为了实现这个梦，我们一直在努力。从上世纪80年代至今，我们坚持开办杂交水稻技术国际培训班，为80多个发展中国家培训了14000多名杂交水稻技术人才，我还受邀担任联合国粮农组织首席顾问，帮助其他国家发展杂交水稻。

新中国杂交水稻事业能够取得丰硕成果，离不开党和国家的高度重视与大力支持，同时也是广大科技工作者集体智慧的结晶。我已经90岁了，但“老骥伏枥，志在千里”，我要力争让我们的团队早日完成每公顷18吨的高产攻关，做好第三代杂交水稻技术的生产应用。我希望最终能实现“禾下乘凉、覆盖全球”的两大心愿。

（文章有删节，选自《人民日报》2019年10月23日）

论共产党员的修养

★ 刘少奇

（一）

我们要做马克思列宁主义创始人的最忠实、最好的学生，就需要在无产阶级和一切群众的长期而伟大的革命斗争中进行各方面的修养，要有马克思列宁主义理论的修养，要有运用马克思列宁主义的立场、观点和方法去研究和处理各种问题的修养；要有无产阶级的革命战略、战术的修养；要有无产阶级的思想意识和道德品质的修养；要有坚持党内团结、进行批评和自我批评、遵守纪律的修养；要有艰苦奋斗的工作作风的修养；要有善于联系群众的修养，以及各种科学知识的修养等。我们都是共产党员，所以我们大家都无例外地需要进行上述各方面的修养。但是，由于我们党员的政治觉悟、斗争经验、工作岗位、文化程度、社会活动的条件，都各不相同，所以，各个同志需要特别注意修养或者着重注意修养的方面，也就会各有差别。

对于我们最重要的，是无论怎样都不能脱离当前的人民群众的革命斗争，而是必须结合这种斗争去总结、学习和运用历史上的革命经验。这就是说，要在革命的实践中修养和锻炼，而这种修养和锻炼的唯一目的又是为了人民，为了革命的实践。这就是说，我们要虚心地学习马克思列宁主义的立场、观点和方法，学习马克思列宁主义创始人的高贵的无产阶级的品质，并且运用到自己的实践中去，运用到自己的生活、言论、行动和工作中去，不断地改正、清洗自己思想意识中的一切与此相反的东西，增强自己无产阶级共产主义的意识和品质。这就是说，我们要虚心地倾听同志们和群众的意见和批评，仔细地研究生活中、工作中的实际问题，细心地总结工作中的经验教训，并且根据这些去检验自己对于马克思列宁主义的了解是否正确，运用马克思列宁主义的方法是否正确，去检查自己的缺点错误而加以纠正，去改进自己的工作。同时，我们要根据新的经验，研究马克思列宁主义有哪些个别结论，在哪些个别方面，需要加以充实、丰富和发展。总之，我们要使马克思列宁主义的普遍真理和具体的革命实践相结合。

这应该是我们共产党员修养的方法。这种马克思列宁主义的修养方法，和其他唯心主义的脱离人民群众的革命实践的修养方法，是完全不同的。

（二）

在一个共产党员的思想意识中，如果只有党的共产主义的利益和目的，真正大公无私，没有离开党而独立的个人目的和私人打算；如果他能够在革命的实践中，在马克思列宁主义的学习中，不断地提高自己的觉悟，那么：

第一，他就可能有很好的共产主义的道德。因为他有明确坚定的无产阶级立场，所以他能够对一切同志、革命者、劳动人民表示他的忠诚热爱，无条件地帮助他们，平等地看待他们，不肯为着自己的利益去损害他们中间的任何人。……在党内、在人民中，他吃苦在前，享受在后，不同别人计较享受的优劣，而同别人比较革命工作的多少和艰苦奋斗的精神。他能够在患难时挺身而出，在困难时尽自己最大的责任。他有“富贵不能淫、贫贱不能移、威武不能屈”的革命坚定性和革命气节。

第二，他也可能有最大的革命勇敢。因为他没有任何私心，所以他无所畏惧。他没有做过“亏心事”，他的错误缺点能够自己公开，勇敢改正，有如“日月之食”。他理直气壮，永远不怕真理，勇敢地拥护真理，把真理告诉别人，为真理而战斗。

第三，他也可能最好地学习到马克思列宁主义的理论和方法。他能够运用这种理论和方法，去敏捷地观察问题，认识和改造现实。由于他有明确而坚定的无产阶级立场和马克思列宁主义的修养，他没有任何个人的顾虑和私欲，因而不致蒙蔽和歪曲他对于事物的观察和对于真理的理解。他实事求是，在革命实践中检验一切理论和是非。他不是以教条主义的或者经验主义的态度，去对待马克思列宁主义，而是把马克思列宁主义的普遍真理和革命的具体实践结合起来。

第四，他也可能最诚恳、坦白和愉快。因为他无私心，在党内没有要隐藏的事情，“事无不可对人言”，除开关心党和革命的利益以外，没有个人的得失和忧愁。即使在他个人独立工作、无人监督、有做各种坏事的可能的时候，他能够“慎独”，不做任何坏事。他的工作经得起检查，绝不害怕别人去检查。他不畏惧别人的批评，同时他也能够勇敢地诚恳地批评别人。

第五，他也可能有最高尚的自尊心、自爱心。为了党和革命的利益，他对待同志最能宽大、容忍和“委曲求全”，甚至在必要的时候能够忍受各种误解和屈辱而毫无怨恨之心。他没有私人的目的和企图要去奉承人家，也不要人家奉承自己。他在私人问题上善于自处，没有必要卑躬屈节地去要求人家帮助。他也能够为了党和革命的利益而爱护自己，增进自己的理论和能力。但是，在为了党和革命的某种重要目的而需要他去忍辱负重的时候，他能够毫不推辞地担负最困难而最重要的任务，绝不把困难推给人家。

（文章有删节，选自《刘少奇选集》（上卷），人民出版社，1981年12月）

常读常新的党性教科书

蒋祖烜

共产党员加强修养是完全必要的、决不可少的

1939 年的延安，是爱国青年向往奔赴的精神圣地。源源不断的新鲜血液迅速壮大了革命队伍，党员数量从抗战初期的 4 万多人发展到 50 余万。但仪式上的宣誓，不等于思想上的真正入党，花名册上的共产党员也不完全等同于政治意义上的共产党人。不少新党员由于缺乏系统的理论学习和思想教育，甚至区分不清马列主义和三民主义、民族抗战和阶级斗争等基本政治问题。凡此种种，让少奇同志敏锐意识到党员尤其是新党员的"思想入党"，已经是一个迫切需要解答的重大问题。经过数月深思熟虑，少奇同志运用历史唯物主义基本原理，从理论高度阐释分析共产党员修养的必要性。他指出，

中国共产党不是天上掉下来的，是从中国社会中产生，不论老党员或是新党员，都或多或少地带有旧社会的思想意识和习惯，每个党员“应该把自己看作是需要而且可能改造的”“都必须从各方面加强自己的锻炼和修养”，不断“提高革命品质和工作能力”。唯有如此，名分上的共产党员才能锻造成“品质优良、政治坚强”的共产党人，幼稚的革命者才能成长为成熟的、老练的、能够“运用自如”掌握革命规律的革命家，担负起改造社会、改造世界的时代“大任”。

党内存在哪些错误思想意识

少奇同志指出，共产党员是“近代历史上最先进的革命者，是改造社会、改造世界的现代担当者和推动者”，从入党第一天起就应该努力争取成为共产主义自觉战士，为共产主义事业奋斗终身。但由于复杂的历史社会原因，如果以共产主义人生观世界观来衡量，“有一些党员和干部，还不合于这些标准，还存在着各种各色的或多或少的不正确的思想意识”。他根据多年对党内生活现状的观察研究和切身体会，“望闻问切”错误思想意识，列举了七种典型现象：一是入党动机不纯或存有模糊观念，二是极端自私自利的个人主义，三是自高自大的个人英雄主义和风头主义，四是丧失忠诚团结互助精神的剥削阶级意识，五是缺乏共产主义的伟大气魄和远大眼光的官僚主义，六是投机取巧的机会主义，七是小资产阶级的急性病、动摇性以及流氓无产阶级、破产农民的破坏性等。他严肃指出，有这些思想的人，“没有清楚而确定的共产主义的人生观与世界观，不了解共产主义事业的伟大与艰苦，没有坚定的无产阶级的立场”。在重大转折关头，“他们中间的某些人要发生一些动摇与变化”。更为严重的是，“有的时候就发展起来，系统地暴露在党内各种原则问题上、重大的政治问题上和党内斗争问题上”。

少奇同志梳理的这张问题清单，今天还能在“四风”里找到若隐若现的影子。习近平总书记曾用“七个有之”进行生动画像。从七种现象到“七个有之”，表述有所不同，但对错误思想本质根源的揭露都入木三分、鞭辟入里，不失为党员干部正衣冠、除灰尘的一面明镜。

做马克思和列宁的好学生

共产党员怎样才能做马克思列宁的好学生？少奇同志从当时中国革命和党员队伍的实际出发，强调判断的唯一标尺是“党性”，即把“党的利益高于一切”视为“思想和行动的最高原则”，为了党和人民的利益，“能够毫不犹豫地牺牲个人利益，甚至牺牲自己的生命”，这是“共产主义道德的最高表现”“无产阶级政党原则性的最高表现”“无产阶级意识纯洁的最高表现”。简而言之，就是坚持共产党人“初心”，发扬“吃苦在前、享受在后”的艰苦奋斗精神，保持“富贵不能淫、贫贱不能移、威武不能屈”的革命气节，具备坚持真理、修正错误的勇气襟怀，具有危急患难时挺身而出的牺牲担当。几十年来，随着时代环境和历史任务变化，不同条件下对党员修养的要求也不尽一样，但《论共产党员的修养》所展现出来的“初心”，永远不会过时。

坚持马克思列宁主义的修养方法

少奇同志旗帜鲜明地反对党性修养与社会实践脱节的“闭门思过”，强调马克思主义和中国实践相结合才是党性修养的基本方法。他指出，“马克思列宁主义的修养方法，和其他唯心主义的脱离人民群众的革命实践的修养方法，是完全不同的”“革命者要改造和提高自己，必须参加革命的实践，绝不能离开革命的实践；同时，也离不开自己在实践中的主观努力，离不开在实践中的自我修养和学习”。要锻炼成为“忠诚纯洁的进步的模范党员和干部”“就必须下功夫，郑重其事地去进行自我修养”：一是马克思列宁主义理论的修养；二是运用马克思列宁主义的立场、观点和方法去研究处理各种问题的修养；三是无产阶级革命战略、战术的修养；

四是无产阶级思想意识和道德品质的修养；五是坚持党内团结、进行批评和自我批评、遵守纪律的修养；六是艰苦奋斗的工作作风的修养；七是善于联系群众的修养，以及各种科学知识的修养，等等。

共产党人精神家园的不朽丰碑

党的十八大以来，以习近平同志为核心的党中央大力推进党的建设新的伟大工程，通过开展一系列扎实有效的党内学习教育和思想政治建设，带领全体党员干部坚定理想信念，补足精神之“钙”，坚持党性修养与“中国梦”的伟大目标相统一，坚持党性修养与“人民至上”的准则相统一，坚持党性修养与“知行合一”的实践观相统一，坚持党性修养与模范践行社会主义核心价值观的要求相统一，凝结形成党员修养的新目标、新内容、新要求，既一脉相承体现少奇同志党性修养思想的理论渊源，又突出彰显与时俱进的时代特征和价值内涵，实现了党性修养理论新的飞跃，丰富发展了马克思主义党建学说，为夺取新时代中国特色社会主义的伟大胜利提供了坚强有力的思想武器。

（标题为编者所拟，原题《常读常新的党性教科书——读〈论共产党员的修养〉有感》，文章有删节，选自《新湘评论》2019 年第 3 期）

《论共产党员的修养》与儒家修养方法

1939 年 7 月，刘少奇在延安马列学院就加强党员修养问题作演讲，并形成了光辉的马克思主义中国化文献——《论共产党员的修养》。这篇报告就如何加强共产党人的党性修养、思想道德修养作了全面而深刻的论述，是一篇闪耀着马克思主义理论光芒的重要文献。文中指出，每个共产党人都应该加强各个方面的修养。其中，“思想意识上的修养”是“一切其他修养的基础”。因此，刘少奇特别指出，共产党人要结合中华优秀传统文化中的修养智慧提高自我修养水平。

实现党性修养与儒家修养方法的融合

知与行合一。刘少奇说："国民党反动派尽管熟读'三民主义'，背诵孙中山的'总理遗嘱'，然而实际上却横征暴敛，贪污杀戮，压迫民众。"即以国民党的反面例子来告诫全党，要警惕这种知行不一的修养。即"必须坚决反对和彻底肃清旧社会在教育和学习中遗留给我们的最大祸害之一——理论和实际的脱离"。正如《论语》所讲："始吾与人也，听其言而信其行；今吾与人也，听其言而观其行。"毫无疑问，一个有修养的人不仅要有高尚的意识，而且要把这种意识化为行动，做"躬行君子"。儒家倡导的知行合一的修养方法，与刘少奇主张的把理论与实际相结合的马克思列宁主义党性修养不谋而合，且后者更是突破了个人修为的局限而扩展至政党团体的范围。

"慎独"与监督相结合。刘少奇认为，真正的共产党人"事无不可对人言"。即使在他个人独立工作、无人监督、有做各种坏事的可能的时候，也能够"慎独"，不做任何坏事。从唯物主义的立场出发，刘少奇指出共产党人在独处时也要表现出革命的坚定性和气节。作为一种自觉进行道德修养的方法，“慎独”其实是自我约束与自我的监督。儒家非常强调这种方法，认为它是道德修养主体自觉性和彻底性的标尺，决定着道德修养活动能否成功。基于性善论而言，每个人都应该将良善的道德本性发扬光大，严格遵守行为规范和道德原则，自觉进行自我修养。特别是在别人看不见、听不到的情况下，更需如此，即所谓“慎其独”。刘少奇很认同儒家“慎独”的修养方法，批判吸收了这种心性修养观，并赋予其马克思列宁主义政党理论的诠释。他强调，“慎独”要在革命实践过程中来进行，并不是个人所谓的“独居”。从而使“慎独”修养建立在科学实践的基础之上，并与真正的党性监督结合起来形成合力。

古今人生观的有机融合。共产主义人生观和道德观是共产主义信仰的一些具体形式。《论共产党员的修养》把共产党人应有的人生追求、革命气节和奉献精神统一起来，并且有机融合了中华优秀传统文化中的民本思想。刘少奇认为，宋代名儒范仲淹“先天下之忧而忧，后天下之乐而乐”中所反映的忧患意识，也是共产党人应有“很好的共产主义的道德”标准之一。站在历史唯物主义的角度，刘少奇要求共产党人应学习传统的人生观思想，自觉汲取儒家哲学以天下百姓为重的民本思想，把人民的利益放在首位，全心全意为人民服务。

《论共产党员的修养》是马克思主义中国化的初期成果之一。马克思主义刚刚传入中国大地时，与中国传统文化相比，“外貌”上差异极大，如何能将二者结合起来，是中国共产党人时时考虑的重大问题之一。找到二者在内容上的通融性和文化契合点，非常必要。刘少奇以其深湛的传统文化“底子”（少年时在私塾上学，熟读儒家“四书、五经”，有“刘九书柜”的雅号）与其接受的马克思主义理论进行“格义”，某种程度上恰切地实现了二者在修养上的自然融合，实为在理论向度与实践向度同时展开二者结合的典范。

（作者王艳芳，文章有删节，选自《学习时报》2019 年 5 月 8 日）

在上海鲁迅逝世十周年纪念会上的演说

★ 周恩来

鲁迅先生死了十年了，整整的十年了。中国是从内战进入抗战，现在又回到内战。内战乃鲁迅先生所诅咒的，抗战才是鲁迅先生所希望、所称颂的。他希望的事在人民大众努力下实现了，而他诅咒的内战可仍还存在，这应该是我们参加这会的每个人所难过的。人民希望民主、独立、团结、统一，而日本投降了一年多了，这一个愿望还没有达到。鲁迅先生逝世那年也在谈判，到今天足足谈了十年了，还不能为中国人民谈出一点和平，我个人也很难过。但人民团结起来，就一定能够解决中国的和平民主统一的问题。今天，我要在鲁迅先生之像面前立下誓言：只要和平有望，仍不放弃和平的谈判，即使被逼得进行全面自卫抵抗，也仍是为争取独立、和平、民主、统一。

鲁迅先生曾说："横眉冷对千夫指，俯首甘为孺子牛。"这是鲁迅先生的方向，也是鲁迅先生之立场。在人民面前，鲁迅先生痛恨的是反动派，对于反动派，所谓之千夫指，我们是只有横眉冷对的，不怕的。我们要以眼还眼，以牙还牙。假如是对人民，我们要如对孺子一样地为他们做牛的。要诚诚恳恳、老老实实为人民服务。我们要有所恨，有所怒，有所爱，有所为。过去历史上有多少暴君、皇帝、独裁者，都一个个地倒下去了。但是历史上的多少奴隶、被压迫者、农民还是牢牢地站住的，而且长大下去。人民的世纪到了，所以应该象（像）条牛一样努力奋斗，团结一致，为人民服务而死。鲁迅和闻一多，都是我们的榜样。

一九四六年十月十九日

（选自《周恩来选集》，人民出版社，1980 年 12 月）

甘为孺子富斯民

宁心

1200 多年前，大文学家柳宗元在湖南写下著名篇章《牛赋》，称颂牛一生劳作，“利满天下”。王安石赞美耕牛“朝耕及露下，暮耕连月出。自无一毛利，主有千箱实”。到鲁迅笔下，一句“俯首甘为孺子牛”，让源自《左传》的“孺子牛”一词家喻户晓，也使其寓意从父母之爱升华为为民大爱。

1942 年 5 月，毛泽东同志在延安文艺座谈会上指出：“鲁迅的两句诗：‘横眉冷对千夫指，俯首甘为孺子牛’，应该成为我们的座右铭。”从党的七大将“全心全意为人民服务”写入党章，到新时代“以人民为中心”深入人心，孺子牛的脚步铿锵前行、从未停息，孺子牛的精神跨越时空、历久弥新，铸就成中国共产党人的鲜明标志和政治品格。

在全国政协新年茶话会和2021年春节团拜会上，习近平总书记深情礼赞“孺子牛”所代表的精神品质，这既是对中华优秀传统文化的继承和弘扬，更是对全党不忘初心、牢记使命的再强调，对全心全意为人民服务根本宗旨的再宣示。新阶段，相信每个人、每个家庭都充满新期待。实现人民对美好生活的向往，需要广大党员干部更加自觉地做为民服务孺子牛，让更多福祉惠及人民。

甘当孺子牛，就要坚持人民至上。“意莫高于爱民，行莫厚于乐民。”面对贫中之贫、困中之困，全党“五级书记打头阵”，一仗接着一仗打，一个堡垒接着一个堡垒攻，谱写了团结一心攻难关、尽锐出战求胜利的生动乐章，历史性解决了困扰中华民族几千年的绝对贫困问题，实现了我国历史上亘古未有的伟大跨越；面对突如其来的新冠肺炎疫情，党中央统筹全局、果断决策，坚持以人民至上、生命至上诠释了人间大爱，用众志成城、坚韧不拔书写了伟大抗疫史诗。深刻领悟“孺子牛”精神，就要懂得我们党百年来所付出的一切努力、进行的一切斗争、作出的一切牺牲，都是为了人民幸福和民族复兴；就要把人民放在心中最高位置，认真查找在群众观点、群众立场、群众感情、服务群众方面存在的差距和短板，让为民宗旨贯穿经济社会发展各方面、全过程。

甘当孺子牛，就要紧紧依靠人民。人民是历史的创造者，是决定党和国家前途命运的根本力量。回望过去一年，是广大医务人员白衣为甲、逆行出征，用血肉之躯筑起阻击病毒的钢铁长城；是人民子弟兵闻“汛”而动、迎难而上，保江河安澜、护群众安全；是无数劳动者勤勤恳恳、辛苦耕耘，共同托举起中国经济的逆势上扬。春节假期，多少人默默坚守在工作岗位，用责任守护万家灯火，用辛劳换来节日祥和。习近平总书记指出：“平凡铸就伟大，英雄来自人民。每个人都了不起！”面向建设现代化新湖南的新征程，我们有条件乘势而上，但风险挑战无时不有、无处不在。我们必须充分尊重人民主体地位和首创精神，让蕴含于人民之中的洪荒伟力充分迸发，紧紧依靠人民战胜前进道路上的一切艰难险阻。

甘当孺子牛，就要不断造福人民。为人民谋幸福、为民族谋复兴，这既是我们党领导现代化建设的出发点和落脚点，也是新发展理念的“根”与“魂”。这些年，以习近平同志为核心的党中央夙夜在公，带领人民努力创造美好生活，秉承的正是老百姓需要什么、期待什么，就建设什么、改善什么；老百姓痛恨什么、反对什么，就解决什么、整治什么。习近平总书记反复强调：“人民对美好生活的向往就是我们的奋斗目标。”在建设现代化新湖南的征程上，我们要以此为引领，谋划和推动各项工作；以此为动力，不断补短板、强弱项、抓落实；以此为标准，衡量政绩的大小、小康的成色和现代化建设的含金量，交出令人民满意的时代答卷。

甘当孺子牛，就要自觉无私奉献。“吃的是草，挤出的是奶”。牛尚且能以汗牛之劳，回馈人类把草之饲，何况公仆乎？“百姓谁不爱好官？把泪焦桐成雨。生也沙丘，死也沙丘，父老生死系。”这是习近平总书记对人民公仆焦裕禄的深情礼赞。“他走遍炎陵的山山水水、村庄社区，读懂老区百姓的酸甜苦辣、所思所盼，赢得了干部群众的真情实意和广泛赞誉。”这是湖南省委对用生命践行脱贫攻坚使命的“一线总指挥”黄诗燕的深情缅怀。广大党员干部要自觉以焦裕禄、黄诗燕等为榜样，“俯首甘为孺子牛”，用全部的心血和能力为人民群众忘我工作。惟如是，才不负群众期望，无愧公仆称谓。

勤牛奋蹄，无须扬鞭。勤劳和奉献，是牛本性中最精粹、最闪光也最令人怦然心动之处。愿全省广大党员干部，特别是领导干部，牢记党的根本宗旨，为国家富强、民族复兴、人民幸福，为建设现代化新湖南，更加自觉地做利满天下、利归人民的“孺子牛”。

（标题为编者所拟，原题《甘当孺子富斯民——二论发扬“三牛精神”》，选自《湖南日报》2021年2月19日）

为什么连敌人也敬重周恩来

长久以来，我一直想不通一个问题：为什么连敌人也敬重他——周恩来？

据说西安事变和平解决后，宋美龄在回京的飞机上认真地问：国民党内为什么没有周恩来这样的人？看过收藏在美国的蒋介石日记，人们发现，蒋介石几乎骂遍了所有人，甚至包括他的夫人，唯独对周公保持了风度。重庆谈判期间，蒋经国告诉他的心腹蔡省三将军：周恩来是个好人，不是装出来的。毫不吝惜地赞美你死我活的对手，古今少见。

2009 年 4 月 22 日，习近平同志在淮安周恩来纪念馆参观时，要求党政干部学习周恩来做人的风范，“首先是做人，再就是做一个模范的共产党人，再就是做一个革命家”。寥寥数语，层层递进，点破了周恩来的特质，给了我们揭开周恩来之谜的一把钥匙。

尼克松 1972 年访华的时候，随行的美国记者向周恩来提问：你首先是一个中国人呢，还是首先是一名共产党人？这样一个看起来是圈套的问题，不管怎么回答都有文章可做，令尼克松本人和这位记者惊讶的是，周恩来毫不犹豫地回答：我首先是一个中国人！

做人，做一个中国人，意味着承继中国的文化和民族的德行，笃行中华文明对人的基本道德要求。中华文明经历过五千年的打磨锤炼，守护着一个伟大民族的发生、发展和繁盛，沉郁而独特。而周恩来用一生把中国人的德行彰显到了极致，其特点有二：仁者爱人，推己及人；文质彬彬，然后君子。前者散发着爱意，温暖世人；后者如水银泻地，明亮世界。他的特质其来有自，基础深厚。

家庭是一个人最初的、也是永远的学校。周恩来的祖父和外祖父都是学者型县官，浓郁的文化氛围氤氲着他的童年时光。他曾说他有三个母亲，生母、嗣母和乳母。生母和嗣母作为大家闺秀，饱读诗书，早早便教他修齐治平的道理。生母有一次中了大奖，竟然用奖金修了一条路，这件事在周恩来幼小的心灵留下了烙印。乳母则是善良的穷人，时常带他到乡下玩，民众的痛苦和无助引起了他深深的同情。

还有一位女性也影响了他，就是他家的女仆。当周家家道中落，甚至没钱给她发薪水的时候，这位平常的乡下女人不离不弃，继续义务帮助这个家庭。周恩来对她满怀感恩，在南开中学读书的时候，写了一篇作文回忆她，说她“教会我大公无私”，他发誓将来要做所有穷人的仆人。

所以周恩来总能给人以爱和理解，并且极其自然而得体。

解放初期，北京市电话很少，而且容易串线，经常有人把电话打到周恩来这里，他总是和和气气地告诉对方：对不起，我不是谁谁谁，你是不是打错了？

1966 年 3 月，春寒料峭，周恩来慰问邢台地震灾区群众，站在一个木箱上给大家讲话。当他发现群众是迎风站的，马上让大家整体向后转，自己迎风站立。

蒋经国那次对蔡省三评价周恩来，也是事出有因。当时蔡一连好几天在毛主席驻地门口徘徊，因为他很好奇，这位震撼世界的共产党领袖到底是什么样的人？有一天周恩来发现了他，问蔡将军有什么事需要帮忙吗？蔡说明了来意，周恩来爽朗一笑，拉着他的手去见了毛主席。蔡省三向蒋经国报告了事情经过，感慨地说，没想到周先生这样理解我、信任我。

在上世纪六七十年代，周恩来多次接见日本运动员，当知道著名乒乓球运动员松崎君代女士婚后无子，周恩来就请国内的医生帮助她治病，并且像自家长辈一样，嘱咐有了孩子一定要告诉他。周恩来去世的噩耗传来，松崎女士悲痛欲绝：周先生，我刚刚有了孩子，正准备告诉您呢……

如果需要，周恩来甚至可以拿生命诠释无私无我。1946 年 1 月，他从延安飞重庆，结果飞机遇到严重险情，随时可能坠毁。机长命令大家背上降落伞包，叶挺 11 岁的女儿小杨眉的座位上正好没有伞包，她急得直哭。周恩来毫不犹豫地解下自己的伞包给孩子穿上，并且轻声安慰她。这件事再次证明蒋经国确实了解他——连命都不要了，有这样装的吗？无怪乎尼克松在他的名著《领袖们》中反复称他儒雅、儒者，并且说任何人只要接触过他，对他的所有怀疑都会荡然无存。是的，真正的儒者是要随时准备舍生取义的。

其实，周恩来的爱不是无边际的。抗战期间，有一批和尚开办了游击训练班，周恩来为这座寺庙大书八个字，气冲霄汉，力透纸背：上马杀贼，下马学佛！同样的，周恩来对人民满怀慈悲，对一切反人类、反社会进步的势力则横眉冷对，势不两立。正因为有对人民的大爱，才有他对敌人的大恨，在周恩来身上，人性、人民性和党性得到了完美的统一。

（标题为编者所拟，原题《周恩来之谜》，作者习骅，文章有删节，选自《学习时报》2018年3月9日）

难从海国问红妆

★ 何羽

向警予是中国共产党早期领导人及创始人之一，1895 年生于湖南溆浦，1919 年参加毛泽东、蔡和森等创办的新民学会，1922 年加入中国共产党。党的二大后，在党中央机关做妇女工作。1928 年牺牲，终年 33 岁。1936 年，毛泽东评价她是中国共产党“唯一的一个女创始人”。

“吾辈当求真心得，做真事业”

向警予早期抱定“教育救国”的理念，她从周南女校毕业后，回到家乡溆浦创立了溆浦女校，并担任校长。她给学生讲述国家大事，宣传爱国主张，号召大家发愤图强，将来为苦难同胞服务。这一时期，向警予的思想还未完全成熟。她在写给哥嫂的信中提到："事业一层，不必太求急进。平常人之所视为荣辱得失者，自吾辈视之真不值得一笑。吾辈当求真心得，做真事业……"虽然"真事业"的面目还比较模糊，但她已把自己的事业同祖国的前途紧密联系在一起。

1919 年，向警予参加毛泽东、蔡和森领导的"新民学会"，思想逐渐倾向于革命。同年，她与蔡和森、蔡畅等组织湖南女子留法勤工俭学会，成为湖南女界留法勤工俭学运动的首创人。在当年 12 月 7 日欢送第八届留法勤工俭学学生会上她演讲道："吾人之求学，宜抱供献于人群之宗旨，以谋振刷东方民族之精神，亦吾人应注意也。"带着"谋振刷东方民族之精神"的初衷，同年底向警予亦赴法国勤工俭学。

1920 年她在写给父母的信中，表达了献身革命的情怀："总要不辱你老这块肉与这滴血，而且这块肉这滴血还要在世界上放一个特别光明。"正是在法国期间，向警予坚定了共产主义信念，完成了从一个民主主义者向共产主义战士的转变。1922 年初，向警予回国并加入中国共产党，成为最早的女党员之一，从此她将全部精力投入到了中国人民的解放事业当中。

“为我女界呵，大放光明”

在担任溆浦女校校长期间，她编写的校歌有这样的词句：“现在已是男女平等，天然淘汰，触目惊心！愿同学作好准备，为我女界呵，大放光明。”动员大家振作精神，为妇女解放、男女平等，起来革命，为女界争取光明的前途。

在自己的生活经历中，向警予更是走在时代前列新女性的代表。1918 年底，驻溆浦的湘西镇守副使兼第五区司令周则范看上了向警予，派人到向家提亲。向警予不慕封建军阀的权势，不畏封建礼教的束缚，在个人婚姻问题上显示了顽强和独立之精神。她亲自来到周家，当面拒绝了周则范的求婚。后来在赴法旅途中，向警予与蔡和森在共同探讨对改造中国认识的过程中，确定了对共同理想的追求，也确定了志同道合的伴侣。她的婚姻是完全新式的，建立在马克思主义共同信仰基础上的。她曾在信中告诉父母：“和森是九儿（向警予在家排行第九）的真正所爱的人，志趣没有一点不同的……我同他是一千九百廿年产生的新人，又可叫做廿世纪的小孩子。”

“人迟早是要死的，但要死得明明白白，慷慷慨慨”

1911 年，16 岁的向警予在常德女子师范学校读书时曾和蒋胜眉（丁玲之母）等七名女同学结拜，结拜时有如此誓词：“姊妹七人，誓同心愿，振奋女子志气，励志读书，男女平等，图强获胜，以达到教育救国之目的。”

1928 年 3 月 20 日，由于叛徒的出卖，向警予在法租界被捕。向警予早已抱定必死的决心。在狱中，敌人用尽一切手段也不能从她口中得到党的任何机密。她坚定地表示：“我为党的事业而死，无上光荣！”由于向警予是工人们敬爱的领袖，在群众中有着极大的影响，所以反动派专门选择在五一国际劳动节这一天杀害向警予，想达到“以儆效尤”之目的。在去刑场的路上，她向人们高唱《国际歌》并呼喊口号，敌人慌忙向她嘴里塞石头，并用皮带勒住她的双颊。

1928 年 5 月 1 日，向警予被杀害于余记里空坪刑场。就义前她曾留下这样的遗言：“人都应该珍惜自己的生命，然而到了不能珍惜的时候，只有勇敢地牺牲生命。人迟早是要死的，但要死得明明白白，慷慷慨慨。”

诗人柳亚子以沉痛的心情，写下诗句寄托哀思："雄词慷慨湘江向，情话缠绵浙水杨。长痛汉皋埋碧血，难从海国问红妆。"蔡和森听闻噩耗，悲痛不已，撰文悼念："伟大的警予，英勇的警予，你没有死，你永远没有死。你不是和森个人的爱人，你是中国无产阶级永远的爱人！"

（标题为编者所拟，原题《向警予：中国共产党"唯一的一个女创始人"——难从海国问红妆》，文章有删节，选自《北京日报》2021年2月22日）

遗书三封

★ 夏明翰

给母亲的遗书

你用慈母的心抚育了我的童年，你用优秀古典诗词开拓了我的心田。爷爷骂我，关我，反动派又将我百倍熬煎。亲爱的妈妈，你和他们从来就是格格不入的。你只教儿为民除害，为国除奸。在我和弟弟妹妹投身革命的关键时刻，你给了我们精神上的关心，物资上的支援。亲爱的妈妈，别难过，别呜咽，别让子规口血蒙了眼，别用泪水送儿离人间。儿女不见妈妈两鬓白，但相信你会看到我们举过的红旗飘扬在祖国的蓝天！

给妻子的遗书

亲爱的夫人钧：同志们曾说世上唯有家钧好，今日里我才觉得你是巾帼贤。我一生无愁无泪无私念，你切莫悲悲凄凄泪涟涟。张眼望，这人世，几家夫妻偕老有百年？抛头颅，洒热血，明翰早已视等闲！“各取所需”终有日，革命事业代代传。红珠留着相思念，赤云孤苦望成全。坚持革命继吾志，誓将真理传人寰！

给大姐和外甥女的遗书

大姐为我坐牢监，外甥为我受株连。我们没有罪，我们要斗争。人该怎么做，路该怎么走，要有正确答案。我一生无遗憾，认定了共产主义这个为人类解放造幸福的真理，就刀山敢上，火海敢闯，甘愿抛头颅，洒热血！

（标题为编者所拟，文章有删改，选自《红色家书：革命烈士书信选编》，党建读物出版社，2018 年 4 月）

我的生活除享受规定待遇外，一无所有

★ 罗荣桓

玉英[1]：

你已生育，又获一男孩，甚喜。

你明年可同德定、爱英[2]等一路来京，但你还须考虑，初次出门，作长途旅行，而带一未满周岁之婴儿，是否可行？望先征求你翁姑之意见后，才作决定。

你爸爸廿余年来，是在为人民服务，已成终身职业，而不会如你所想的，是在作官，更没有财可发。你爸爸的生活，除享受国家规定之待遇外，一无私有。你弟妹们的上学，是由国家直接供给，不要我负担，我亦无法负担，因此陈卓[3]等来此，也只能帮助其送入学校，不能对我有其他任何依靠。

今乘你二伯[4]由京返里之便，你这里的妈妈寄给一点小孩用的东西，及你用的布料、毛衣，其中还有貂皮旗袍，是送你母亲的。

即此。祝

你的健康

罗荣桓

十二月七日

桂英[5]给我的信收到，请代转问候。

注释：

[1] 罗玉英，罗荣桓的女儿。当时在湖南衡山县。

[2] 德定，即罗德定，罗荣桓的侄子。爱英，即罗爱英，罗荣桓的侄女。

[3] 陈卓，罗玉英的丈夫。

[4] 二伯，即罗晏清，罗荣桓的二哥。

[5] 桂英，即罗桂英，罗荣桓的侄女。

（标题为编者所拟，原题《给罗玉英的信》，选自《老一代革命家家书选》，生活·读书·新知三联书店，1992 年 4 月）

许光达："共产党人自身的明镜"

★ 陈银健

许光达大将在战场上运筹帷幄、叱咤风云，赫赫战功彪炳史册，在生活中忠于爱情、充满激情，与结发妻子邹靖华十年离别情不移的爱情故事，动人而浪漫。一份《降衔申请》，寥寥 500 字，却昭示了一个共产党人的崇高美德。在中央军委会议上，毛泽东高扬起这份《降衔申请》，朗声赞道：这是一面明镜，共产党人自身的明镜。

"人情不能大于王法"

1960 年，由于自然灾害，全国粮食减产。当时，军队的条件稍好一些，一些部队干部亲属从农村跑到部队长吃长住。装甲兵机关也有不少干部的亲属从四面八方拥进北京，在机关大院长吃长住。为了改变这种状况，许光达主持召开装甲兵司令部党委会议，作出一项决议："困难期间，司令部机关的干部要动员亲属不要来北京；已经来的，要动员其尽快回去；凡是来探亲的，只允许住3天，就动员他们返回原籍。"没想到这个决议刚颁布没几天，许光达的四哥许德富和六弟许德强也来到北京投靠他。一石激起千层浪，装甲兵机关大院的干部和家属都瞪大了眼睛，注视着许光达。当天，劝回这件事由邹靖华向许德富、许德强两兄弟提了出来。许德富火了，他认为这地方就你许光达官最大，你不发话，谁敢要我们走？两兄弟悄悄进了许光达家厨房，把橱柜一一打开查看了一番，看到家里确实没有多少东西吃，就问厨师："他们平时就吃这些东西吗？""实话跟你们说吧，首长家里也吃上了小球藻。"厨师指着门口一只水缸里养的绿乎乎的东西，"这就是家里养的小球藻。"许德富、许德强看着缸里的小球藻，非常惊讶，将军家里也吃上了替代食品，这是他们无论如何也没想到的。两兄弟最后仅在北京住了两天，就踏上了返乡的列车。事情发生后，有些人背后议论邹靖华，说这位嫂子不近"人情"。许光达知道后说："不，她做得对。这是装甲兵部队党委刚作出的决定，是我让她这样做的。俗话说，人情不能大于王法啊。”

“不能超过老百姓的标准”

1957 年，许光达 90 岁的父亲去世了，按照当地风俗习惯这是要隆重操办的丧事，况且还有个儿子在北京当大官，似乎更应该讲讲排场。为此，湖南老家的几个兄弟拍电报让他立即回去主持丧礼，并要带回供亲属做孝服用的白布。许光达对妻子说：“爹爹去世，我理应回去，尽尽做儿子的责任。可是，哥哥们要大搞排场，点名让我去主持丧礼，光是白布就要带回几十匹，这怎么行啊！中央号召移风易俗，只能从简办丧事。况且回去会惊动许多地方官员，一个共产党的司令，带着大队人马浩浩荡荡地为父亲送殡，这和国民党的官僚有何区别？不回去，从维护党的威信来讲是应该的，但亲人们会不理解。”左右为难后，许光达下定决心，派了一名熟悉湖南风土人情的政治干事带着 200 元钱，代他回乡料理丧事，并几次打电话给当地政府，要求他们不能铺张浪费，一定不能超过当地老百姓办理丧事的标准。果不其然，许光达的几个叔伯和兄弟对此不满，他们质问那名干事“许光达为什么不回来？”政治干事没办法，只好给许光达挂长途电话，但许光达在电话里告诉他："继续做工作，按我原来说的办！"许光达的哥哥和亲属没有办法，只好从简办丧事安葬了老人。政治干事从湖南回来一报账，丧事共花费了 150 元。后来，许光达的母亲去世，家乡亲属再也没人提出额外要求了。

靠"老子"吃饭是没有出息的

许光达对独生子许延滨十分疼爱。但是，他表达爱的方法不是娇惯放纵，而是严格要求。在许延滨很小的时候，一次，许光达下班回家，看见一群孩子在司令部大院吵嚷，相互比谁的爸爸官大，许延滨跑到他面前问："爸爸，你的官大不大？"许光达平静地回答："不大。爸爸的官小，只是个人民的勤务员。"这件事引起了许光达的警觉，为了严格管教孩子，他立下了三条规矩：一是孩子上学就住校，让其从小就过集体生活。二是严格控制孩子的零花钱，生活标准向工农子弟看齐。三是不准司机接送孩子，让他自己跑路。另外，他还严格警告许延滨，在外面不准打我的牌子。许延滨严守父训，从不对别人讲父亲是司令员。从上小学到上中学，他填表时只填母亲不填父亲。许延滨高中毕业了，因为他品学兼优，学校准备推荐他出国学习。

可是，当审核其在学校填的各种表格时，发现无论是小学还是中学，“家长栏”里只有母亲的姓名，没有父亲的姓名。他的父亲是谁呢？会不会有什么政治历史问题？不然，为什么要隐瞒？学校负责政审的同志来到许延滨家中，一方面想了解一下他父亲的情况，另一方面也想征求一下家长关于儿子出国学习的意见。学校的老师见到许光达后，才知道许延滨的父亲是许光达司令，征求许延滨出国学习的意见时，许光达却拒绝了。他的理由是，高级干部的子女在国外会受到特别照顾，对子女并无好处。许光达常说，生了孩子就是给社会添了一个成员，父母就要对社会多负一份责任。对子女要严格要求，让他们学点真本领，让他们懂得靠“老子”吃饭是没有出息的。

（文章有删节，选自《学习时报》2020 年 4 月 24 日）

清贫

★ 方志敏

我从事革命斗争，已经十余年了。在这长期的奋斗中，我一向是过着朴素的生活，从没有奢侈过。经手的款项，总在数百万元；但为革命而筹集的金钱，是一点一滴的（地）用之于革命事业。这在国方（指国民党方面）的伟人们看来，颇似奇迹，或认为夸张；而矜持不苟，舍己为公，却是每个共产党员具备的美德。所以，如果有人问我身边有没有一些积蓄，那我可以告诉你一桩趣事：

就在我被俘的那一天——一个最不幸的日子，有两个国方兵士，在树林中发现了我，而且猜到我是什么人的时候，他们满肚子热望在我身上搜出一千或八百大洋，或者搜出一些金镯金戒指一类的东西，发个意外之财。那（哪）知道从我上身摸到下身，从袄领捏到袜底，除了一只时表和一支自来水笔之外，一个铜板都没有搜出。他们于是激怒起来了，猜疑我是把钱藏在那（哪）里，不肯拿出来。他们之中有一个，左手拿着一个木柄榴弹，右手拉出榴弹中的引线，双脚拉开一步，作出要抛掷的姿势，用凶恶的眼光盯住我，威吓地吼道：

"赶快将钱拿出来，不然就是一炸弹，把你炸死去！"

"哼！你不要作出那难看的样子来吧！我确实一个铜板都没有存；想从我这里发洋财，是想错了。"我微笑淡淡地说。

"你骗谁！象（像）你当大官的人会没有钱！"拿榴弹的兵士坚不相信。

"决不会没有钱的，一定是藏在那（哪）里，我是老出门的，骗不得我。"另一个兵士一面说，一面弓着背重来一次将我的衣角裤裆过细地捏，总企望着有新的发现。

"你们要相信我的话，不要瞎忙吧！我不比你们国民党当官，个个都有钱，我今天确实是一个铜板也没有，我们革命不是为着发财啦！"我再向他们解释。

等他们确知在我身上搜不出什么的时候，也就停手不搜了；又在我藏躲地方的周围，低头注目搜寻了一番，也毫无所得，他们是多么的失望呵！那个持弹欲放的兵士，也将拉着的引线，仍旧塞进榴弹的木柄里，转过来来抢夺我的表和水笔。后彼此说定表和笔卖出钱来平分，才算无话。他们用怀疑而又惊异的目光，对我自上而下的（地）望了几遍，就同声命令地说："走吧！"

是不是还要问问我家里有没有一些财产？请等一下，让我想一想，啊，记起来了，有的有的，但不算多。去年暑天我穿的几套旧的汗褂裤，与几双缝上底的线袜，已交给我的妻放在深山坞里保藏着——怕国军进攻时，被人抢了去，准备今年暑天拿出来再穿；那些就算是我唯一的财产了。但我说出那几件"传世宝"来，岂不要叫那些富翁们齿冷三天?!

清贫，洁白朴素的生活，正是我们革命者能够战胜许多困难的地方！

一九三五年五月二十六日写于囚室

（选自《精神的力量　红色经典诗文》，辽宁人民出版社，2011年7月）

耐得清贫不“清贫”

边建军

习近平总书记反复强调：“当干部就不要想发财，想发财就不要当干部。”简单朴实的话语，阐释了为官的真正内涵。对于广大党员干部来说，能不能做到这一点，关键在于能否守得住清贫。

《叔向贺贫》是封建社会里的“千古绝唱”。说的是晋国正卿韩宣子不贪不占，生活清贫，在与同僚的交往中，显得寒酸。时间长了，他心里头有些失衡。正好叔向登门造访，韩宣子便向他哭穷。出乎意料的是叔向居然对他的寒酸表示祝贺。韩宣子越发不解。叔向向他讲述了两个卿大夫的故事：栾武子乃晋国上卿，因为官清廉而美名远扬；郤昭子是晋国正卿，其家财抵得上半个晋国，其家臣有晋国军队的一半，其奢侈淫逸、横行霸道，结果横尸于朝廷台阶之上。由此看来，贵为卿大夫，应忧德之不修，而不应忧贫之不济。一席话，说得韩宣子折服。今天，叔向这段话仍具有警示意义。

为官难得是清贫，耐得清贫不“清贫”。纵观历史，但凡标名青史、万古流芳，像包拯、海瑞、况钟等，都是两袖清风、一身正气，能守得住清贫、耐得住寂寞、挡得了诱惑，给后人留下了一段又一段佳话。我们党不乏清贫之士，革命烈士方志敏，被敌人抓获时，身上一个铜板也没有；焦裕禄身为兰考县委书记，家里竟无米下锅；孔繁森牺牲时身上只有 8 角 6 分钱；杨善洲退休后放弃安享晚年的机会，扎根荒山，为国家植树造林 5.6 万亩……无不昭示着共产党人天下为公，两袖清风的高尚情怀。

一腐败分子忏悔道：“我的下水，源于耐不住清贫。”无数事实证明，落马的贪官是从丧失“甘守清贫”这条底线开始的。也许他们在从政之初，并没有想到要“栽”在物欲面前，随着地位的升迁、权力的增大，个人私欲不断膨胀，不知不觉地丢弃了信念中那些高尚的东西。由松动自己绷紧的心弦，到洞开贪欲的闸门，最终陷入泥潭而不能自拔。直到伸出的手被捉住，才后悔“早知如此，何必当初”，真切地感受到：还是清贫一点好。

清贫是一种境界。守住清贫，守的不是“贫”，而是富有，精神上的富有；守的是“清”，是一种纯洁，是一种净土。如果一名共产党员能自觉追求清贫，那他势必情趣健康，无私无畏，履行职责。反之，势必堕入拜金主义的泥潭，受到党纪国法的制裁。清贫其实很简单，就是克己、克欲，就是敬畏法律，学会知足。

方志敏说过：“清贫，洁白朴素的生活，正是我们革命者能够战胜许多困难的地方！”这句话无论在过去、现在还是将来，对党员干部永远是一针清醒剂。党员干部须恪守立党为公、执政为民的理念，始终以敬畏之心对待权、以平和之心对待利、以廉洁之心对待欲，在利益面前不贪心、在诱惑面前不动心，做到“甘天下之淡味，安天下之卑位，不戚戚于贫贱，不忻忻于富贵”，保持政治上的坚定性和理想信念上的纯洁性，不忘初心、牢记使命，把自己锤炼成无愧于党和人民的公仆。

（文章有删节，选自《衡水日报》2019 年 7 月 29 日）

方志敏的清贫家风

“清贫，洁白朴素的生活，正是我们革命者能够战胜许多困难的地方！”这是方志敏革命一生恪守的誓言，也是他光辉人生的真实写照。

方志敏领导的闽浙赣革命根据地不断发展，为此，国民党政府及军阀将他视为心腹大患，把他的家烧、劫十余次，以致生活捉襟见肘。为改善生活，方志敏的婶婶曾带着他的母亲，走了几十里山路找到方志敏，希望他能拿点钱给母亲做条裤子，再帮婶婶们买点盐。方志敏看到饥寒交迫的母亲和婶婶，声泪俱下，他告诉母亲：“我是当主席，可当的是穷人的主席，哪里是官？……信江苏维埃刚建立，革命才有个头，我们每人的饭钿才七分呢。”当方志敏的婶婶向他讨盐钱时，他回答说：“我管的花边不少，几十万几百万也有。不过都是革命的花边，一个铜板也动不得。要是我拿革命的花边来给婶婶们买盐，这穷人的主席我还当得?”

后来，方志敏的妻子廖敏不幸被捕，妻兄向方志敏要四百大洋的保释费，方志敏听后摇头拒绝了。他说，政府的钱来得不易，可以做许多事，还是另想办法。最后廖敏在朋友的帮助下才获救。

方志敏始终保持着共产党人的政治本色和革命气节。他虽曾担任闽浙赣苏维埃政府主席、红十军政委等要职，上马管军，下马管民，经手数百万元款项，但却过着艰苦朴素的生活。由于从小生活在农村，他切身体会过贫苦农民是如何在地主阶级的压迫下艰难度日，是如何摆脱封建统治的桎梏而走上革命道路的，他深知根据地的每一分钱都来之不易，希望把每分钱都用在为工农谋福利上。为此，他生活俭朴。一次吃饭时，方志敏发现自己吃的是白米粥，而大家吃的是米糠和野菜煮的粥，就叫警卫员告诉伙房：“大家吃什么，我吃什么，不能特殊。”连方志敏与廖敏的婚礼也很简单，只是几个同志吃了一顿好菜饭。

方志敏在狱中写道：“为了阶级和民族的解放，为着党的事业的成功，我毫不稀罕那华丽的大厦，却宁愿居住在卑陋潮湿的茅棚；不稀罕美味的西餐大菜，宁愿吞嚼刺口的苞粟和菜根；不稀罕舒服柔软的钢丝床，宁愿睡在猪栏狗窠似的住所！不稀罕闲逸，宁愿一天做十六点钟工的劳苦……”

方志敏把党和人民的利益看得高于一切，心甘情愿为民族利益和国家利益付出一切，这种“清贫”的家风，值得所有党员、干部学习。

（作者冯佳，选自《人民日报》2017 年 5 月 9 日）

为了于党有益，分别也就没有什么了

★ 左权

志兰：

接何廷英同志上月二十六日电，知道你们已平安的（地）到达延安。带着太北小鬼长途跋涉真是辛苦你了。当你们离开时，首先是担心着你们通过封锁线的困难，更怕意外的遭遇。你们到达洛阳、西安后，当时反共潮流恰趋严重，又担心着由西安到延安途中的反共分子的留难与可能的危险。今竟安然的（地）到达了老家——延安。我对你及太北在征途中的一切悬念当然也就冰释了。现在念着的就是不知道你在征途中及“长征”结束后，身体怎样？太北身体好吗？没有病吗？长大些了没有？更活泼些了没有？有便时请一一告我。

你们走后，确感寂寞。幸不久即开始了北局高干会议，开会人员极多，热闹了十多天，寂寞的生活也就少感觉了。现在一切都好，身体也好，希勿担心。

你们走时正是百团大战第一阶段胜利开展之时，不久结束第一阶段又开始了第二阶段，也获得了预定之战果，连克了数十个据点，尤以辽县以西直至榆社一带据点全部克服，缴获极多。缴获的食品吃了很久的时候，可惜你不在没尝到了。在晋察冀方面收复了涞源、灵丘周围不少据点，战果也是很美满的。其它（他）各线也有不少战绩，恕不详摆，想在延安方面也能知道。但是大战发展到第三阶段就有些老（恼）火了。敌寇为加强的诱降阴谋，以其军事行动配合其政治阴谋，向我各根据地开始了大规模的连续扫荡，因此扫荡与反扫荡便构成了“百团大战”第三阶段的全部。这次扫荡首先是以晋东南及平西为目标的。经上月六日开始向晋东南进攻，连续来了三次扫荡，每次均以七八天为期，每次扫荡均打到砖壁周围，我们也连续的（地）跑了三次，直至今日大体已经结束，我们也离开砖壁。敌人这几次的连续扫荡，虽一般的在意料之中，但还没有估计得这样严重，一次与另一次的期间这样短促。在反扫荡中虽是分别给了敌人一些打击，尤其是关家垴（石门附近）歼灭敌人一个大队的打击，但我根据地遭受敌寇之摧残是空前的。敌人的政策是企图变我根据地为一片焦土，见人便杀，见屋便烧，见粮食便毁，见牲畜便打，虽僻野山沟都遭受了损失，整个太北除冀西一角较好外，统均烧毁，其状极惨。但砖壁尚依然如故，其它（他）如上河、东田、韩壁等烧得片瓦无存，烟□[1]石门均遭烧毁过。在几次的反扫荡中，敌人打到砖壁附近时我们才离开，因直属机关之笨重，行动实在麻烦，虽没有吃亏，但有些单位有些个人吃苦确不少。尤以最后一次移动时下大雨翻大山，彻夜摸黑，天气骤冷，不少的人变成了泥鬼，真是有点老火。小宋小吴，汪明唐苏，抱着小孩跑反颇称狼狈与可怜，假使你还没走的话，不免又要多辛苦一场呢！

此间反扫荡刚结束，敌寇对晋察冀之大扫荡又开始了，估计敌寇对该区的扫荡更残苦（酷）。总之（在）国内投降妥协危机更加严重发展，日寇对华北我军的进攻必更加严重，以遂其反共阴谋，今后华北之严重局势也就大大地加重了。过去虽云艰苦，但一般的还不太严重，生活一般的还是安静的，今后恐怕就不然了，跑反[2]逃难的事将愈来愈多，这将是无疑的了。生活愈来愈困难，没饭吃，没钱用，也是不可免的。当然，这也只是战争发展一定时期内之必然过程，渡（度）过了这个时期就会好的。不管这种形势在一定时期内如何严重的（地）发展，对我个人说来是没有什么的，你总可放心。

志兰：你到达延安后，应即把太北送到托儿所去，你能很快的（地）进学校，这是我的愿望，想你也同感。太北到托儿所后不一定有亲自养育的好，但想来也不会坏的，你应放手些。你是爱求进步也能进步的人，应趁此难得的机会进学校学习一期。

志林对现有工作不甚愿意，曾向我要求调换工作或到延安学习，我已安慰了他，也就没有什么了。他的一切我当关心，我不时叫他到我这边玩，他与一般同志也搞得很好，身体也不坏，你可放心。

志兰：有不少的同志很惊奇我俩真能够分别，你真的去延安了。本来分别是感痛苦的，但为了工作，为了进步，为了于党有益，分别也就没有什么了。回想我俩相处一年多以来，是很好的，感情是深厚的，分别后不免同相怀念着。聪敏活泼的太北小家伙很远的（地）离开，长久的（地）不能看到她，当然更增加我的悬（思）念。我只希望你一方面照顾着太北，同时又能很好安心的（地）学习，有便时多写几封信给我。志兰亲爱的，最近的期间内恐难见面的，相互努力工作与学习吧！不写了。

志兰亲爱的，祝你安心学习。希望太北健康！

叔仁

一九四〇年十一月十二晚

注释：

［1］□代指原件中无法辨认的字。

［2］跑反，指在躲避祸乱时因慌乱跑错了方向。

（标题为编者所拟，选自《抗战信札》，河南大学出版社，2018 年 11 月）

纸短情长

沈传亮

“名将以身殉国家，愿拼热血卫吾华。太行浩气传千古，留得清漳吐血花。”这是朱德总司令为悼念抗战中不幸牺牲的左权作的一首诗。抗日战争时期，左权任八路军副参谋长、八路军前方指挥部参谋长，协助朱德指挥八路军，开赴华北抗日前线，开展敌后游击战争，创建抗日根据地，参与指挥晋东南反“九路围攻”，组织指挥震惊中外的“百团大战”和“黄崖洞保卫战”等著名战役，为抵御外敌，争取民族独立立下了卓越功勋。

报国情怀彰大义

抗战烽烟中左权写就的家书，带有革命战争年代的鲜明特点，彰显了共产党人保家卫国、舍己为民、一心为公的大情怀。1940 年 11 月 12 日，在左权写给妻子刘志兰的书信中，他痛斥日本侵略者的残暴，忧虑国民党军队的动摇，反映了他真挚的爱国爱民情怀。他写道："敌人的政策是企图变我根据地为一片焦土，见人便杀，见屋便烧，见粮食便毁，见牲畜便打，虽僻野山沟都遭受了损失，整个太北除冀西一角较好外，统均烧毁，其状极惨。"这寥寥数语，一方面指明了日本侵略者极其残暴的行为已远超越人类底线，他对此恨之痛之；另一方面，也说明他内心深处对饱受战争之苦的国家和人民的悲悯情怀。

抗战 14 年间，有许许多多的将士为了人民的幸福生活、为了民族的团结强大、为了国家的独立自主，告别父母、远离亲人，在前线奋勇杀敌、保卫家国。左权是为国为民献身的众多抗战将士中的杰出代表。他在信中对妻子说"为了工作，为了进步，为了于党有益，分别也就没有什么了"。言语平和温婉，但彰显了共产党人舍小家为国家、舍己为党的家国民族大义。

铁骨铮铮蕴挚爱

家书寄语，纸短情长。抗战期间，左权家书如实记录了将军的铁骨柔情，也展示了将军挂念妻女安危的骨肉情深。如果说对国家和民族的爱是大爱，那么对家庭、对妻女的爱就是挚爱。家书是家庭的情感纽带，是家教的重要载体，也是家风的一面镜子。

家是最小国，国是千万家。习近平总书记强调“家庭是社会的基本细胞，是人生的第一所学校。不论时代发生多大变化，不论生活格局发生多大变化，我们都要重视家庭建设，注重家庭、注重家教、注重家风”。

左权的这封信也表现出身为丈夫、父亲的为家爱家之情。左权考虑到妻子刘志兰积极要求进步的迫切心情，提出她到延安后应把女儿送到托儿所，尽管认为如此不一定有亲自养育的好，“但想来也不会坏的”，要刘志兰“趁此难得的机会进学校学习一期”。

初心使命扛肩上

不忘初心，方得始终。1921 年中国共产党一成立，就把初心和使命扛在肩上。90 多年来一直以实际行动践初心、履使命。战争年代，初心和使命转化为团结全体将士、坚定理想信念的强大思想武器。共产党人的抗战家书并非寻常传递信息的书信，而是一部被革命先烈们用鲜血浸染的英雄史诗，浸透着豪情万丈的革命勇气和决心，承载着为人民谋幸福、为民族谋复兴的初心和使命。

左权在其他家书中写道“我牺牲了我的一切幸福，为我的事业来奋斗”。铮铮誓言，展示出共产党人的初心和使命。马克思曾说：“如果我们选择了最能为人类而工作的职业，那么，重担就不能把我们压倒，因为这是为大家作出的牺牲；那时我们所享受的就不是可怜的、有限的、自私的乐趣，我们的幸福将属于千百万人，我们的事业将悄然无声地存在下去，但是它会永远发挥作用，而面对我们的骨灰，高尚的人们将洒下热泪。”左权选择了为大家作出牺牲的事业，并为之英勇献身。这种共产党人的革命英雄气概与高贵品质，为中国人民革命斗争树立了光荣楷模。

一个时代有一个时代的英雄，一代人有一代人的使命。进入新时代，踏上新征程，我们唯有不忘初心，铭记先烈，强化胸怀天下的责任担当，涵养民族复兴的家国情怀，让红色基因代代相传，才能书写出无愧于前人的精彩华章，才能在实现中华民族伟大复兴的征程中不畏风雨、建功立业。

（标题为编者所拟，原题《为了于党有益——读左权一九四〇年十一月十二日给妻子刘志兰的信》，文章有删节，选自《光明日报》2018 年 8 月 22 日）

左权：只留下十一封家书

抗日战争爆发后，左权任八路军副参谋长兼前敌总指挥部参谋长。1942 年 5 月 25 日，在山西辽县（今左权县）麻田与日军作战中不幸以身殉国，时年 37 岁。左权将军是八路军在抗日战场上牺牲的最高指挥员。

左权虽然捐身赴难，但留给后人们一封封熏染着硝烟的家书，震撼着每位中国人的心灵。1937 年，他在写给母亲的信中表示："亡国奴的确不好当，在被日寇占领的区域内，日本人大肆屠杀，奸淫掳抢，烧房子……日寇不仅要亡我之国，并要亡我之种，亡国灭种惨祸，已临到每一个中国人的头上，我们决心与华北人民同甘苦共生死。我军将士都有一个决心，为了民族国家的利益，过去没有一个铜板，现在仍然是没有一个铜板，准备将来也不要一个铜板，过去吃苦，准备还吃苦。”

左太北是左权将军的独生女，她三个月大的时候，父亲就开赴战争前线，从此父女再未相见。在左权将军遗照中，他几乎总是嘴唇紧闭、神情严肃，但有一张全家合影照片例外。那是 1940 年 8 月，左权抱着挥舞双手、不满百天的女儿与妻子刘志兰的合影。这一刻，左权留下了难得的笑容。左太北回忆说：“父亲留下的家书总共 11 封，每一封我都捧着读了一遍又一遍……看到这些信，再读过后，才感受到我有一个真实的父亲。”

1940 年 8 月，因左权筹划“百团大战”太忙，刘志兰带女儿回到了延安。1941 年的下半年，左权曾有近半年没有收到妻子的回信，他在信中反复念叨着自己的牵挂：“四天三夜的生死战斗回来，我第一件事就是给你们写信，如果我在战斗中牺牲，此生别无遗憾，惟一遗憾的是我们的女儿北北，我不曾给她一点父亲的爱，没有尽到一点父亲的责任，只有拜托你替我多亲吻女儿了。”

左权在最后两封家书中以决绝的口吻交代妻子：“我虽如此爱太北，但如果时局有变，你可处置太北。”“处置”即送人寄养。左太北噙着眼泪说：“我一遍又一遍地读父亲的那些家书，字里行间里全是对我的爱，对母亲的爱，对我们那个小家庭的爱。可是在家国和民族利益之前，他还是放弃为个人私利考虑，一心想着怎么将日本帝国主义赶出中国，践行自己的抗日誓言。”

为了不让左权将军的老母亲伤心过度，左权牺牲的噩耗一直隐瞒着老人。1949 年，解放军南下，朱德总司令要求入湘部队绕道醴陵去看望左权将军的老母亲。英雄母亲才知道小儿子已为国捐躯 7 年了。但坚强的母亲没有恸哭，而是请人代笔撰文悼念儿子。言道：“吾儿抗日成仁，死得其所，不愧有志男儿。现已得着民主解放成功，牺牲一身，有何足惜，吾儿有知，地下瞑目矣！”

（作者徐伯黎，选自《中国组织人事报》2017 年 1 月 6 日）

何叔衡：苏维埃的“一头牛”

★ 王立华

何叔衡，湖南宁乡人，生于 1876 年，比毛泽东大 17 岁。

他是毛泽东的同学，一师年龄最大的学生，新民学会年龄最大的会员，中共一大年龄最大的代表，也是毛泽东最要好的朋友之一。

他俩一起参加中共一大时，与会代表平均年龄 28 岁，恰与毛泽东当时的年龄相同，而何叔衡已是 45 岁。他虽比毛泽东的年龄大许多，却是毛泽东最早的合作者和追随者。一般说来，少年追随长者很常见，长者追随少年却稀有，而何叔衡就是这样的奇人，认准了就矢志不移。

何叔衡的生日是端午节，在家又排行老五，按宁乡农村的说法：男子要午又得五，逢五就是福。

占着如此多个“五”，全家对他另眼相看，节衣缩食省钱供他一人读书。26 岁时不负众望中了秀才，县衙请他去担任管理钱粮的职务，这在当时也算是一个不错的差使，但他却未到任，理由是“世局之汹汹，人情之愦愦”，因此宁愿选择当乡间私塾先生。

辛亥革命爆发后，他率先剪去头上的辫子，又动员周围的男人剪掉辫子，说服女人放脚。看到那些守旧的妇人不肯解裹脚布，便说看来只动笔动嘴不行，还要动手动刀。说罢操起菜刀，将家中的裹脚布和尖脚鞋全部搜出当众砍烂。

1913 年春，当了 10 多年私塾先生，已是 37 岁的何叔衡，却出奇地决定再进学校读书。学校主事颇为惊诧，他解释自己求学原因说：深居穷乡僻壤，风气不开，外事不知，急盼求新学。

他与毛泽东同时考入四师，又一起并入一师，毛泽东在一师八班，他在教师讲习班。1914 年夏，何叔衡在校读书一年半后提前从一师毕业，被聘到长沙楚怡学校当主任教员，毛泽东则继续在一师求学。尽管两人同学的时间仅一年半，却从此成为志同道合的挚友，毛泽东常去楚怡学校找他，有时在那里彻夜长谈。何叔衡常对人说：

“毛润之是个了不起的人物。”

1917年暑假，毛泽东与萧子升行乞游学，路上突发奇想，徒步跋涉百余里深更半夜跑到宁乡何叔衡家，搞得他全家又惊又喜。何父非常热情，特意杀了一头猪款待他们，还留他们住了两宿，使行乞游学差点失去原先意义。为使游学不变成走亲访友，他们赶紧离开何家，走时何叔衡送出很远。何家后代回忆说，毛泽东曾在他家门口的池塘里游泳，那池塘至今依然碧波荡漾。

毛泽东评价何叔衡，有三句话形象而著名。

其一，何胡子是一条牛。这个评价是有来历的。何家家境并不宽裕，粮少人多，逢到青黄不接时父亲就限制孩子们的饭量。何叔衡7岁时，有一次几口就把定量的饭吃光了，仍感到十分饥饿，他说吃饭要是像牛吃草那样，能放肆地吃饱就好了。站在一边的父亲听后对他说，你长大了像牛一样地做事，就一定会吃得饱的。何叔衡牢牢记住了父亲的话，始终“像牛一样地做事”。这个特点被毛泽东认可。

其二，何胡子是感情一堆。一次，好友萧三去楚怡学校看他，遇见他与一个犯了错误的学生谈心，说着说着竟然哭了起来。萧三后来说，我当时觉得非常奇怪，事后才知道他容易激动，和学生谈话不止一次地哭过，但在学校威望极高，因为他把学生看成自己的孩子，犯了错误不是横加训斥，而是以理服人、以情动人。

其三，叔翁做事可当大局，非学问之人，乃做事之人。新民学会成立时，何叔衡虽是为数不多的发起者之一，却自愧年长才退不配与二十来岁的青年为伍，提出自己不入会，后经毛泽东等几次劝说，过了几个月才加入。他入会不久就担任了执行委员长，与毛泽东一起发起驱除省督张敬尧的“驱张运动”。这是他们组织的第一场重大政治斗争，毛泽东派他前往衡阳动员力量，他以衡阳三师为基地组织了大批群众参与，起到十分重要的作用。

在新民学会中两人配合十分好，会友中流传着一句话：

“毛润之所谋，何胡子（叔衡）所趋；何胡子所断，毛润之所赞。”

何叔衡以不能谋自谦，能虚怀接受人家的意见，但他却以能断而自负。每在危难震撼时刻，当人们犹豫不决时，他却能不顾人家反对，也不要人家赞扬，毅然决然地站在前面走自己的路。

决断果敢，义无反顾，这是成大业者极重要的品质。

他曾想赴法勤工俭学，毛泽东劝他不必留法，不如留俄。当他准备留俄时，在法留学的蔡和森写信说，去俄不如留湘重要。最终何叔衡放弃了留俄想法，坚持新民学会在湖南的工作。

1927 年秋，何叔衡从湖南转移到上海，到街头做宣传鼓动工作时被捕，押到警察局后，他的外貌和机智的随机应变救了他。审讯官觉得他不像是革命者，便试探着问：你知道什么是共产党，什么是国民党吗？何叔衡故意摇头晃脑、抑扬顿挫地说：

“吾乃学者，岂能不知？共产党三民主义是也，国民党五权宪法是也！”

接着，又讲起孔子的《论语》，话还没说完便听上面惊堂木拍喝道：快滚！何叔衡便不紧不慢地走掉。审讯官再拷问别人时才知道，刚放走的人竟是中共元老之一，其头颅有上万元赏格，派人去追却找不到踪影了。

（标题为编者所拟，文章有删节，选自《一师毛泽东：要为天下奇》，中央文献出版社，2018 年 1 月）

留法老学生之自述

★ 徐特立

我是湖南长沙人，姓徐，名特立，今年四十三岁。英文只能拼音，法文一字不识。我到马赛上岸时，向季坚先生问我是他们学生一起的不是。我将护照拿与他看，他看得护照是一个学生，觉得年纪太大了。我在长沙动身时，有人劝我莫来，说是四十几岁的人还学得什么。我看向先生问我的话，恐怕也有这种意思。十一月十四日到华侨协社，遇着编《华工杂志》的萧子升先生。萧先生说明日上午八点钟李石曾先生到华侨协社对同我来的学生演说。他说我年纪太大，又在湖南当教员一二十年，如今来法作工，这种精神是很难得的；李先生或者会要与我特别谈话，想我一定愿意一同听李先生演说罢？我听了萧先生的话，觉得萧先生很爱我，但我本是来当学生的，怎么不同年少的学生一同听讲？并且进学校的时候，同班听讲的日子很多，今日怎么要拿出从前在湖南当先生的样子来？到了十五日八点钟，李先生演说完了，单喊我出来，要我说来留学的意见。我当时也说了几句话，但是意思还没有尽。空了两三日，萧子升先生要我自己说说到法国求学的意思，登在《华工杂志》上。我素来不会做文章，登在杂志上，岂不见笑？但是有些意思，不能不说出来。一般人都说年老者不能求学。年老的人，多半在社会上有些权柄，倘若全不求学，社会上受害就不小，所以我不怕人家笑，定要说出我的意思。

我今年四十三岁，不觉就到四十四、四十五，一混六十岁来了。到了六十岁，还同四十三岁时一样无学问，这一十七年，岂不冤枉过了日子？这一十七年做的事情，岂不全无进步了？到了六十岁时来悔，那就更迟了，何不就从今日学起呢？我想今年学起，到五十岁还有七年。一天学一字，一年可学三百六十五字，七年可学二千五百五十五字，到了五十岁时，岂不是一个通了的人吗？若一天学二字，到四十六岁半可以读通。我纵愚蠢，断没有一天学一字学两字也不能的。所以我决志求学，不怕法语难学，也不怕学校规则太严。

又有一些人要我另外请人教法文，或者比学校要自由些。并且湖南有学生一百人，不久还有人来，华法教育会正要明白湖南情形的人，做湖南学生的事情，何不在外面住，为公为私，两两便当。我听了这段话很以为然。但是我到法国来，原要学法国学校的规则，好回国用；不住学校受先生管束，未必学得好。并且我年纪太大，人家对我有尊敬的意思，不好的习惯，人家都不肯当面说，住在学校中或者可以慢慢学好。因为这样，我就进了法国木兰省立的公学。同学的均是少年有为的，并且有在湖南时的旧学生，内中有熊信吾君，须喊我做太老师。今日与他同学，岂不降了两级？又还要向他们学法文，变太老师做学生，不可耻吗？但我想一想，从前没有学问的时候，当了老师同太老师，自高自大，还要得人家的学费，这真是可耻！如今到了法国，法文一字不识，还要自高自大，怕失了旧资格，不更加一层可耻吗？今天只要学生不嫌我老大，肯教我法文，我就算年老，也是一个进步的老人。五十岁后，我也是一个有学问的新人物，到死的时候，学问还没有老朽，还同有学问的少年讲得来，那时候的畅快，都要从今日耐烦耐苦做起。

萧先生问我将来学什么，我说我要学农业，暂且进工场作工。有得闲的日子，并要学法国的家事学，好回去自谋生活。单学法文回国当法文教员，还同从前一样靠口舌赚钱，何必万里到法国呢？我前年在湖南高等师范讲教育，一点钟银洋三元，一日可赚十八元，折成佛郎，一日可得百二三十佛郎。今年在省立第一师范，也有一元一点钟。何必到法国每日八小时赚四五佛郎呢？我今又想起从前所赚的钱，真是冤枉，日日讲空文章，耽搁青年光阴，使一些学生都要学先生讲空文，赚大钱。听得作工的劳苦，又没有讲空文章的赚得多，大家都不愿作工，使国家工业不发达，都是我们当教员讲空文章的罪过。今日当悔从前的过错，不可再作赚冤枉钱的思想。须知世界第一等人都是作工的人。从前孔夫子赶马车，《上论》里孔夫子有一句话，说是我“执御乎？”御就是赶马车。他的学生樊迟也会赶马车。《上论》上头有“樊迟御”一句话，就是说樊迟赶马车的事。孔夫子从前也替人家看牛羊，孟夫子书上有孔子“尝为乘田矣”，“牛羊茁壮长而已矣”两句话，就是说孔夫子看牛羊的事情。《汉书》上头说古时候的人，读书要兼种田，半读书，半种田，三年可以读得一册书，从十五岁起，读到三十岁，可以读得五册书。古时候的《五经》，到三十岁可以读完。《上论》有“三十而立”一句话，《汉书》上说就是三十岁而《五经》读完了。

古时候没有一年一日一季专读书不作工的，日中作工，晚上读书；天晴作工，落雨读书；春夏秋三季作工，冬季读书。只要读了《幼学》的就晓得这件事。《幼学》不说了“学足三余”一句话吗？正是晚上是日中多余的时候，落雨落雪是天晴多余的时候，冬季是春夏秋三季多余的时候。平日都要作工，只有得闲多余的时候读书。古时皇帝皇后都要做工。神农种田，轩辕做衣，舜帝烧窑，嫘祖养蚕，书上都说他们是好人。我们当教员的学生的，能作工，岂不更贵重吗？我所以愿学农工，不愿专学法文。

（文章有删节，选自《徐特立文集》，湖南人民出版社，1980年12月）

不以功臣子弟自居

★ 陈云

恺悌侄如见：

六月十日信此刻收到。

十八年不见你，看你的来信，文字已写得很清通了，我很高兴。从个人方面说，我与你父亲都顾不上子弟的入学和生活，没有尽到父兄的责任。但是这点我们当年都计算了的，如果只顾一个人的家庭子弟，就无法努力于改造整个社会，我们就这样决定了弃家奔走。现在解放全国的目标不久就会实现了，但这还仅仅是改造社会的第一步，全国老百姓的生活水平仍旧低。我们的目的不仅要打倒反动势力，而且是为了改善人民生活，所以困难的长期的工作还在后面，这后一段的工作是要与全国人民大家一齐干的。

你祖父和祖母是最使我感动不忘的。一九二七年革命失败之后，我与你父亲和吴志喜同志（当年冬被残杀了）在小蒸进行农民运动时就住在吃在你们家里。失败后，你们全家逃到上海，仍旧是你祖父行医来维持这多人的生活，我们仍吃在你们家里。你祖父是很有气节的，他深信革命会胜利，处在困难之中毫无怨言和后悔，真正难得。

此外，我以父兄的责任，还要叮嘱你一件事，而且你可以把这一段信上所说的抄给霓云要他也注意，就是你和霓云千万不可以革命功臣的子弟自居，切不要在家乡人面前有什么架子或者有越轨违法行动，这是决不允许的，你们必须记得共产党人在国家法律面前是与老百姓平等的，而且是守法的模范。革命党人的行动仅仅是为人民服务，决不想有任何酬报，谁要想有酬报，谁就没有当共产党员的资格。我与你父亲既不是功臣，你们更不是功臣子弟。这一点你们要切记切记。要记得真正革命功臣是全国老百姓，只有他们反对反动派，拥护解放军，解放军才能顺利地解放全中国。你们必须安分守己，束身自爱，丝毫不得有违法行为。我第一次与你通信，就写了这一篇，似乎不客气，但我深觉我有责任告诫你们。

我大概会到南方来一次的，但行期未定。那时你父亲能否从工作中抽身则我不能预计，我可以约他一下，如有可能当同他南来。

请你代我向你祖母请安，并问候你母亲，祝你好！

陈云

1949 年 6 月 19 日

（标题为编者所拟，原题《干部子弟千万不可以革命功臣子弟自居》，文章有删节，选自《母亲的回忆》，安徽教育出版社，1997 年 10 月）

松树的风格

★ 陶铸

去年冬天，我从英德到连县去，沿途看到松树郁郁苍苍，生气勃勃，傲然屹立。虽是坐在车子上，一棵棵松树一晃而过，但它们那种不畏风霜的姿态，却使人油然而生敬意，久久不忘。当时很想把这种感觉写下来，但又不能写成。前两天在虎门和中山大学中文系的师生们座谈时，又谈到这一点，希望青年同志们能和松树一样，成长为具有松树的风格，也就是具有共产主义风格的人。现在把当时的感觉写出来，与大家共勉。

我对松树怀有敬畏之心不自今日始。自古以来，多少人就歌颂过它，赞美过它，把它作为崇高的品质的象征。

你看它不管是在悬崖的缝隙间也好，不管是在贫瘠的土地上也好，只要有一粒种子——这粒种子也不管是你有意种植的，还是随意丢落的，也不管是风吹来的，还是从飞鸟的嘴里跌落的，总之，只要有一粒种子，它就不择地势，不畏严寒酷热，随时茁壮地生长起来了。它既不需要谁来施肥，也不需要谁来灌溉。狂风吹不倒它，洪水淹不没它，严寒冻不死它，干旱旱不坏它。它只是一味地无忧无虑地生长。松树的生命力可谓强矣！松树要求于人的可谓少矣！这是我每看松树油然而生敬意的原因之一。

我对松树怀有敬意的更重要的原因却是它那种自我牺牲的精神。你看，松树是用途极广的木材，并且是很好的造纸原料；松树的叶子可以提制挥发油；松树的脂液可制松香、松节油，是很重要的工业原料；松树的根和枝又是很好的燃料。更不用说在夏天，它用自己的枝叶挡住炎炎烈日，叫人们在如盖的绿荫下休憩；在黑夜，它可以劈成碎片做成火把，照亮人们前进的路。总之一句话，为了人类，它的确是做到了“粉身碎骨”的地步了。

要求于人的甚少，给予人的甚多，这就是松树的风格。

鲁迅先生说的“我吃的是草，挤出来的是奶，血”，也正是松树风格的写照。

自然，松树的风格中还包含着乐观主义的精神。你看它无论在严寒霜雪中和盛夏烈日中，总是精神奕奕，从来都不知道什么叫做忧郁和畏惧。

我常想：杨柳婀娜多姿，可谓妩媚极了，桃李绚烂多彩，可谓鲜艳极了，但它们只是给人一种外表好看的印象，不能给人以力量。松树却不同，它可能不如杨柳与桃李那么好看，但它却给人以启发，以深思和勇气，尤其是想到它那种崇高的风格的时候，不由人不油然而生敬意。

我每次看到松树，想到它那种崇高的风格的时候，就联想到共产主义风格。

我想：所谓共产主义风格，应该就是要求人的甚少，而给予人的却甚多的风格；所谓共产主义风格，应该就是为了人民的利益和事业不畏任何牺牲的风格。

每一个具有共产主义风格的人，都应该像松树一样，不管在怎样恶劣的环境下，都能茁壮地生长，顽强地工作，永不被困难吓倒，永不屈服于恶劣环境。每一个具有共产主义风格的人，都应该具有松树那样的崇高品质，人民需要我们做什么，我们就去做什么，只要是为了人民的利益，粉身碎骨，赴汤蹈火，也在所不惜；而且毫无怨言，永远浑身洋溢着革命的乐观主义的精神。

具有这种共产主义风格的人是很多的。在革命艰苦的年代里，在白色恐怖的日子里，多少人不管环境的恶劣和情况的险恶，为了人民的幸福，他们忍受了多少的艰难困苦，做了多少有意义的工作呵！他们贡献出所有的精力，甚至最宝贵的生命。就是在他们临牺牲的一刹那间，他们想的不是自己，而是人民和祖国甚至全世界的将来。然而，他们要求于人的是什么呢？什么也没有。这不由得使我们想起松树的崇高的风格！

目前，在社会主义革命和社会主义建设的日子里，多少人不顾个人的得失，不顾个人的辛劳，夜以继日，废寝忘食，为加速我们的革命和建设而不知疲倦地苦干着。在他们的意念中，一切都是为了把社会主义革命进行到底，为了迅速改变我国“一穷二白”的面貌，为了使人民的生活过得更好。这又不由得使我们想起松树的崇高的风格。

具有这种风格的人是越来越多了。这样的人越多，我们的革命和建设也就会越快。我希望每个人都能像松树一样具有坚强的意志和崇高的品质；我希望每个人都成为具有共产主义风格的人。

（选自《精神的力量 红色经典诗文》，辽宁人民出版社，2011年7月）

图书在版编目（CIP）数据

读有所得．学史崇德专辑 /《读有所得》编辑部编．-- 长沙：湖南文艺出版社，2021.8（2022.5重印）
ISBN 978-7-5726-0310-5

Ⅰ. ①读… Ⅱ. ①读… Ⅲ. ①中国共产党—党史—学习参考资料 Ⅳ. ①D23

中国版本图书馆 CIP 数据核字（2021）第 149935 号

读有所得·学史崇德专辑

DU YOU SUO DE · XUESHI CHONGDE ZHUANJI

中共湖南省委宣传部指导

《读有所得》编辑部编

出 版 人：曾赛丰
监　　制：曾昭来
责任编辑：匡杨乐　李涓　谢朗宁
编　　选：吴金
责任校对：黄晓　胡伟英
装帧设计：泽信策划设计
封面供图：视觉中国

湖南文艺出版社出版、发行
（湖南省长沙市雨花区东二环一段 508 号　邮编：410014）
网址：www.hnwy.net
湖南省新华书店经销　河北京平诚乾印刷有限公司

2021 年 8 月第 1 版 第 1 次印刷　　2022 年 5 月第 8 次印刷
开本：787 mm × 1092 mm　1/32
印张：4
字数：74 千字
书号：ISBN 978-7-5726-0310-5
定价：15.00 元

《读有所得》编辑部
联系电话　0731-85983069　官方邮箱　duyousuode@sina.com
官方微博　https://weibo.com/duyousuode

本社邮购电话：0731-85983015